BESTSELLER

Rafael Reig (Cangas de Onís, Asturias, 1963) es uno de los escritores españoles actuales de referencia. Realizó estudios de filosofía y letras en Madrid y Nueva York, donde se doctoró con la tesis *Mujeres por entregas: la prostituta en la novela del XIX*, y se dio a conocer a partir de que su novela *Sangre a borbotones* fuera declarada como una de las cinco mejores de 2002 y resultara finalista del Premio Lara. Reig mezcla géneros con gran habilidad y humor, como muestra su *Manual de literatura para caníbales* (2006), una novela-ensayo de corrosiva perspicacia que muestra su erudición en el ámbito de la literatura en español. Prueba de este reconocimiento generalizado son sus premios y nominaciones, como el Premio Apolo de Asturias (Premio de la Crítica de Asturias) o la denominación de Nuevo Talento FNAC. Actualmente es profesor de la escuela de creación literaria Hotel Kafka, y colabora en diversas publicaciones, tanto en papel como digitales. Su última novela, *Todo está perdonado* (2011), ha obtenido el VI Premio Tusquets Editores de Novela.

David Torres (Madrid, 1966) es novelista y periodista. Es licenciado en filología hispánica por la Universidad Autónoma de Madrid. Ha publicado diversos relatos y poemas en las revistas *Cartographica*, *Poeta de Cabra* y *Ariadna*. *Nanga Parbat*, su primera novela, ganó el Premio Desnivel 1999 de literatura de montaña, viajes y aventura. Ha sido finalista del Premio Nadal 2003 con su novela *El gran silencio*. *Niños de tiza*, su última obra, ha sido galardonada con el Premio Tigre Juan y con el Premio Hammett 2009 a la mejor novela negra publicada en el año anterior.

Ángel García Collantes (Aldeavieja de Tormes, Salamanca, 1959) es licenciado en criminología, máster en psicopatología criminal y forense y diplomado en criminalística. Imparte clases como profesor en la Escuela de Especialización de la Guardia Civil en el área de Policía Judicial desde hace más de diez años y como profesor de la Universidad Camilo José Cela en el Departamento de Criminología. Es además ponente en cursos y foros profesionales y universitarios.

Beatriz de Vicente (Madrid, 1968) es licenciada en derecho y titulada en criminología por la Universidad Complutense de Madrid, abogada penalista en ejercicio, letrada de turno de oficio penal, profesora titular de criminología en la Universidad Camilo José Cela y ponente en diversos congresos, cursos y foros profesionales. Colabora en medios de comunicación como analista en el campo jurídico y criminológico, y con diversas instituciones en el campo de la docencia y la investigación.

RAFAEL REIG
DAVID TORRES
ÁNGEL GARCÍA COLLANTES
BEATRIZ DE VICENTE

Siete crímenes casi perfectos

DEBOLS!LLO

Penguin
Random House
Grupo Editorial

Primera edición con esta presentación: agosto de 2016
Quinta reimpresión: febrero de 2022

Travessera de Gràcia, 47-49. 08021 Barcelona
Diseño de la cubierta: Juan Pablo Cambariere
Fotografía de la cubierta: © Getty Images

Printed in Spain – Impreso en España

ISBN: 978-84-9908-785-6
Depósito legal: B-17.374-2016

Compuesto en Fotocomposición 2000, S. A.

P 8 8 7 8 5 C

Índice

Prólogo
Pero ¿esto mata de verdad?

Un día hablaba con mi amigo David Torres sobre una novela que yo estaba intentando escribir.

—El tipo sale del coche y se encuentra con los rusos de antes, que le empiezan a disparar. Se parapeta detrás de la puerta del coche y se pone también a pegar tiros. Consigue matarlos, pero la puerta ha quedado llena de balas incrustadas...

David soltó una carcajada y me preguntó si era un coche blindado.

—No, es un Ford Fiesta normal.

—Pues entonces las balas atraviesan la puerta, es como si intentara protegerse desplegando el periódico gratuito que le acaban de dar en la esquina.

—No fastidies, ¡en las películas funciona siempre!

—Toma, claro: también salen romanos con reloj de pulsera y, cuando las parejas se besan, empieza a sonar la música. ¿La puerta de un Ford Fiesta? ¡Como si fuera mantequilla!

Se lo había contado un vecino policía, en su antiguo barrio, en San Blas.

¿Quién ha visto una placa de policía? Las fichas policiales, ¿tienen de verdad tres fotos, una de frente y dos de perfil? ¿Manda más un inspector o un comisario? ¿Cómo se hace el perfil psicológico de un asesino múltiple? ¿Cuáles son los síntomas de envenenamiento? ¿Cuántas personas hacen falta para seguir a un sospechoso sin que se dé cuenta? En el depósito de cadáveres, ¿a los muertos siempre les ponen una etiqueta en el dedo gordo del pie? ¿Cómo se determina la hora de la muerte? ¿Siempre hay en las comisarías una sala de interrogatorios con un espejo que, al otro lado, es una ventana? ¿Cuánto cobran los confidentes de la policía? ¿Dónde se consigue una pistola limpia, sin antecedentes, y cuánto cuesta?

En la barra de zinc de las Bodegas Rivas se nos acumulaba el trabajo: no sabíamos nada.

Cuando yo era pequeño, anunciaban con solemnidad que una película estaba «basada en hechos reales». A mí me estaba pasando lo contrario: escribía novelas policíacas basadas en películas.

En películas norteamericanas, para más inri.

Peor aún, en ocasiones: en series de la tele.

En esas estábamos cuando entró en el Rivas Juan Madrid, el maestro de la novela negra española.

—Pídete lo que quieras, Juan, pero cuéntanos una cosa: ¿cómo te documentas para tus novelas?

Sabíamos que, antes de escribir ficción, Juan había sido periodista de sucesos y había escrito unas crónicas negras tan espectaculares que hacían exclamar a todo el que las leía: ¡este tío es un novelista inevitable!

—No es sólo el periodismo —nos explicó—. Yo me he tirado noches enteras en comisaría, sentado en un banco, sin molestar ni hacer preguntas, mirando y poniendo atención. Al final, de vez en cuando me explicaban algo, y hasta me hice amigo de algunos policías, pero yo nunca daba la lata: callado y aprendiendo. Durante años.

Así cualquiera.

Seamos sinceros: ¿tenía yo ganas de perder las noches en comisaría, sin pegar ojo y absorbiendo información por los cuatro costados como una esponja?

Francamente, no.

Hice un examen de conciencia de una duración aproximada de tres minutos, quizá cuatro. Tuve que admitir que soy un novelista haragán, con pocas ganas de pasar frío, sueño y hambre en el duro banco de una comisaría. En realidad, escribo novelas porque así, cuando no sé qué poner, me lo invento todo y me quedo tan campante.

Sin embargo, todo tenía un límite: no podíamos seguir escribiendo novela policíaca española basada en películas norteamericanas y en cosas vistas por la tele.

De acuerdo, pero tampoco era plan empezar a pasarse las noches en vela, como Juan Madrid, siempre atento y sin hacer preguntas, sentado en un rincón de unas dependencias policiales.

Tenía que haber una forma de hacer palanca, en lugar de empujar la roca mediante el uso de la fuerza bruta.

—Hay que encontrar un atajo —le dije a Eduardo Vilas, director del hotel Kafka.

Así fue como empezamos a preparar el curso de True Crime.

La idea era sencilla: no se trataba de clases sobre novela policíaca, sino de un curso sobre la realidad del trabajo policial. Escribir la novela sería cosa nuestra, el curso nos iba a proporcionar información y, sobre todo, la oportunidad de hacer preguntas a profesionales, sin necesidad de pasar varias noches sentado en un banco de comisaria. Queríamos ver un informe de autopsia, saber de qué tamaño es el agujero de un disparo, si es mejor apuñalar hacia arriba o hacia abajo, cómo se interroga a un sospechoso, si la policía se disfraza o no para seguir a un tipo por la calle, cómo se consigue un DNI falso o por qué los pirómanos son hombres y las cleptómanas mujeres. Queríamos saberlo todo: necesitábamos policías, médicos forenses, psicólogos, toxicólogos, expertos en balística, jueces y tipos que hacen retratos-robot o perfiles psicológicos de asesinos múltiples. Queríamos tenerlos al alcance de la mano, en un ambiente informal, y que nos contaran esos pequeños detalles que dan fuerza a una narración.

Queríamos el camino más corto, nuestro famoso atajo: la ley del mínimo esfuerzo.

El gran éxito fue que EduardoVilas encontrara a Ángel García Collantes, licenciado en Criminología y diplomado en Criminalística. Lo pusimos todo en sus manos y Ángel fue el coordinador general de los cursos: nos consiguió los mejores profesores y aguantó nuestras preguntas, nuestra curiosidad impertinente, nuestra atrevida ignorancia y hasta la lectura de nuestras tentativas literarias policíacas.

Él fue el explorador que abrió el camino más corto. No sé con qué argucias consiguió reunir el mejor grupo de profesores imaginable: policías, guardias civiles, médicos forenses, investigadores criminales, psicólogos, jueces y puede que hasta algún criminal, para nuestra instrucción y deleite.

Ángel escuchaba todas nuestras propuestas: ¿podríamos recoger huellas dactilares en alguna clase? Sí podíamos: nos trajo el equipo y estuvimos esparciendo polvos sobre distintas superficies. ¿Podríamos hacer ejercicios prácticos? Sí podíamos: al final de cada clase nos entregaban una foto de una escena del crimen real y, para el día siguiente, teníamos que identificar el elemento sospechoso y establecer una conjetura razonable. No dábamos ni una, pero aprendimos qué es eso a lo que llaman «olfato policial». ¿Podríamos ver armas de verdad? Sí podíamos: no sólo tuvimos armas en clase, sino que un fin de semana nos llevaron a un campo de tiro y todos pudimos hacer disparos con diferentes pistolas. ¿Podríamos ver fotos de una autopsia? Sí podíamos: la forense nos trajo un vídeo en el que ella misma realizaba una autopsia. ¿Podríamos escribir algo en clase? Sí podíamos: escribimos breves narraciones que los profesores corregían desde el punto de vista técnico.

El primer curso de True Crime, en 2007, fue un éxito. Este año realizamos la tercera convocatoria del seminario, mejorado y ampliado.

Fue entonces cuando pensamos: ¿podríamos hacer un libro en el que utilizáramos esta experiencia?

Sí podíamos, afirmó Ángel.

Este libro.

Desde el primer momento tuvimos claras tres cosas: que el libro debía ser práctico y concreto (no escasean los mamotretos teóricos, pero sí el interés por leerlos), que tenía que reflejar las técnicas reales de investigación criminal en España y que iba dirigido a un lector semejante a nosotros: sin demasiados conocimientos previos (o lo que es peor, con no pocas ideas erróneas, a base de tanto ver *CSI* y leer novelas), con una cultura media y, a ser posible, con cierto interés morboso por el mundo del crimen (qué pasa, para qué negarlo).

Con estas premisas sacamos dos conclusiones: una, que lo mejor sería seleccionar siete casos reales; otra, que era necesario un trabajo de equipo, como en los cursos de True Crime.

Lo más difícil fue elegir los casos. Todos son españoles y recientes (aunque en algunos hay un elemento internacional: queríamos dar una idea de cómo funciona la coordinación policial internacional), y cada uno tiene una característica singular que lo convierte en representante de una clase de crimen: el tipo de investigación llevada a cabo, la personalidad del criminal o los aspectos sociales y culturales del crimen (como en los casos de presunta posesión diabólica o en los de pederastia).

Desengañémonos, la gente de verdad no mata por razones superferolíticas a lo Hannibal Lecter. Fuera de la página o de la pantalla, en la realidad, el móvil de un crimen suele ser una de dos: o bragueta o cartera. No hay mucho más bajo el sol. Aquí hay, por tanto, casos de asesinatos con motivación sexual (a veces tan enfermiza que desafía la comprensión) o por interés económico (en ocasiones de una mezquindad sobrecogedora), pero también elegimos casos en los que el asesino parece actuar por una invencible y primitiva fascinación por la muerte (el caso de Francisco García Escalero, por ejemplo), así como representantes de los escasos asesinos frenéticos que (por fortuna) tenemos en nuestro país, como es Jesús Andrés Iglesias, el Francotirador, para presentar ese tipo de casos, más comunes en otras latitudes y que por definición no se investiga ni se juzga (el asesino fallece) pero que sí era interesante incluir.

Una vez elegidos, nos planteamos cómo presentarlos al lector: aquí es donde fue decisivo el trabajo de equipo.

Para cada uno de los siete casos, ofrecemos un tríptico, un acercamiento desde tres puntos de vista diferentes. Triangulamos para obtener una visión en relieve y con perspectiva, en tres dimensiones.

Cada caso se cuenta, en primer lugar, como una narración con toda la información que describe el crimen, la personalidad y circunstancias del asesino y sus víctimas, y el medio social en el que tuvo lugar.

Para resolver esto tuvimos que volver a las Bodegas Rivas, calle de la Palma de Madrid, para convencer a David Torres.

Necesitábamos un narrador, un novelista: no nos bastaba un periodista, aunque queríamos a alguien que también tuviera la contundencia, la concisión y la atención al detalle que proporciona el periodismo.

David Torres es sin discusión uno de los autores de novela negra más importantes de la literatura española contemporánea, un maestro de la generación siguiente a la de Juan Madrid. Para comprobarlo, basta leer *El gran silencio* (finalista del premio Nadal) o *Niños de tiza* (premio Tigre Juan). Además, es un gran periodista, guionista del programa *Al filo de lo imposible* y autor de un memorable libro de viajes por Polonia, *La sangre y el ámbar*. Era la voz indispensable que podía contar estas historias.

Para suministrar toda la información, los detalles técnicos, la perspectiva policial, judicial o psicológica, contamos con el propio Ángel García Collantes y con Beatriz de Vicente de Castro, abogada penalista y criminóloga, profesora titular de Criminología en la Universidad Camilo José Cela. Ambos aportaron toda la información relevante y consiguieron acceso a ficheros policiales, sentencias y otros documentos de interés.

Tras la narración del caso, se ofrece una reflexión sobre los hechos. Se trata de reconstruir el perfil del criminal. Es indispensable, para ello, proporcionar al lector un marco de comprensión, tanto de los trastornos del asesino como de la propia investigación policial y el *error criminis* (es decir, ¿cómo lograron atraparle? O por así decir, ¿en qué se equivocó?). Asimismo, con concisión y claridad expositiva, se sitúa el caso en un contexto histórico y cultural de crímenes semejantes, y se señalan aquellos puntos en los que proyecta luz (o sombra) para una reflexión más profunda sobre la sociedad en la que sucede, el marco legal, las nuevas tecnologías (como en el caso de Nanysex), nuestra propia responsabilidad o la forma de protegernos del criminal sin poner en peligro derechos fundamentales.

En esta parte del libro, a partir del trabajo de Beatriz de Vicente y Ángel García, ha sido César González Álvaro quien se ha ocupado de elaborar la información de la forma más accesible y con la máxima tensión narrativa.

Por último, todo caso criminal se esclarece en un proceso penal cuyo resultado es una sentencia. Si se parecen a nosotros, pocos lectores frecuentarán un género literario tan árido y exigente como el de las sentencias judiciales. En este caso ha sido Rubén Sáez Carrasco quien ha realizado la tarea de refundir estos documentos para dar al lector una versión que conserve la estructura básica del razonamiento jurídico (fundamentos de hecho, fundamentos de derecho y fallo) y el estilo literario forense, pero sin la extensión y el lenguaje técnico (a veces esotérico) del documento original. Tenga el lector en cuenta que, en dos de los casos, no hay sentencia, puesto que el presunto criminal murió. No olvide tampoco que la ley aplicada era la vigente en el momento en que se cometió el delito y, por tanto, en ocasiones puede ser distinta de la vigente en la actualidad.

Tres acercamientos a cada uno de los casos, por lo tanto: ¿qué pasó? ¿Por qué pasó y cómo se descubrió? ¿Qué consecuencias tuvo?

El resultado es este libro con siete casos criminales. Eduardo Vilas lo ha titulado *Siete crímenes casi perfectos*, porque de hecho ése es su argumento: quién y cómo asesina, quién y cómo investiga un asesinato y cuál es el proceso judicial que determina los hechos y sentencia el castigo.

Tanto en clase, en el curso de True Crime, como al terminar este libro, nos hemos sentido un poco como el padre que le trae al niño por Reyes Magos una pistola de juguete.

—Muy bonito, pero ¿esto mata de verdad, papá? —es la primera pregunta que hace el crío.

Tenemos que desilusionar al niño lector: no, no mata de verdad.

Este libro no sirve para cometer un crimen perfecto.

Creemos que sí servirá (y no es poco) para comprender varios crímenes reales y la verdadera técnica de investigación policial.

Para mí, sin embargo, tiene un inconveniente considerable: quien lea este libro sabrá de dónde he copiado todo en mi próxima novela policíaca.

Ya no podré decir, como los grandes autores, como David Torres o Juan Madrid, que me he pasado años documentándome en el duro banco de una comisaría.

Rafael Reig, 2009

Francisco García Escalero
El novio de la muerte

1

Los acontecimientos

Uno de los encuentros más extraordinarios en la larga carrera del periodista Jesús Quintero tuvo lugar en el programa *Cuerda de presos*, donde conversaba con diversos delincuentes y criminales recluidos en prisión. En uno de ellos, una entrevista difícil como pocas, mantuvo un cara a cara con Francisco García Escalero, el Matamendigos, uno de los asesinos en serie más despiadados de la reciente historia de España.

Con una voz ronca y monocorde, García Escalero no tenía el menor problema en confesar ante las cámaras algunas de las atrocidades que había cometido. Cómo desde niño le atraían los funerales, las tumbas y todo lo relacionado con la muerte. Cómo se coló en el cementerio, rompió varios nichos y colocó tres cadáveres en pie. Cómo un día mató a un hombre golpeándole el cráneo con una piedra y luego lo abrió en canal y le mordió el corazón. Con una extrañeza que sería cómica de no ser espantosa, Escalero declaraba tranquilamente:

—Si es que no sé yo por qué me dio por ahí…

Pero lo que más llamaba la atención eran los ojos. A pesar del estrabismo del ojo derecho, Escalero miraba fijo, sin parpadear, clavando en su interlocutor dos pupilas sin vida, detrás de las cuales no brillaba ninguna emoción.

Francisco García Escalero nació en Madrid el 24 de mayo de 1954, en el seno de una familia pobre que vivía en una barriada de chabolas muy cerca del cementerio de La Almudena. Su padre era albañil y su madre se dedicaba a la limpieza de casas. Escalero era el menor de dos hermanos y toda su infancia estuvo marcada por la brutalidad y la miseria. De carácter melancólico y enfermizo, el niño se infligía cortes en la piel y solía pasear solo entre las tumbas del cementerio, costumbres que su padre intentaba quitarle a golpes. Desde muy pequeño le atraía la muerte y pensaba a menudo, así lo ha confesado, en el suicidio. En alguna ocasión llegó a arrojarse al paso de los coches, pero sólo consiguió otra paliza paterna.

Introvertido, tímido y taciturno, Escalero no llegó a disfrutar con ninguna relación humana durante toda su niñez. Prefería comunicarse con los muertos antes que con los vivos. En su juventud, logró salir con una muchacha, pero al cabo de dos meses ella lo abandonó. Los problemas con los vecinos eran constantes. Aislado de todos y de todo, Escalero desarrolló una paranoia tremenda: creía que lo vigilaban a todas horas, que lo perseguían. Su locura lo llevó a arrojar a una vecina por las escaleras. Sobrevivía con pequeños robos y se pasaba el día explorando casas abandonadas y masturbándose mientras espiaba los juegos amorosos de alguna pareja que había buscado refugio por allí.

Su carrera delictiva se inició muy pronto. A los dieciséis años entró en un centro reformatorio por robar una moto. A los diecinueve, al poco de salir del reformatorio, junto con unos amigos atracó a una pareja en las inmediaciones del cementerio de La Almudena. Después, violaron todos a la joven en presencia de su novio. Escalero fue detenido y condenado a doce años de prisión.

En la cárcel, Escalero mostró una conducta tranquila aunque bastante extraña. La muerte seguía obsesionándolo. Una vez más se apartó de la compañía de los vivos y se rodeó de cadáveres: los

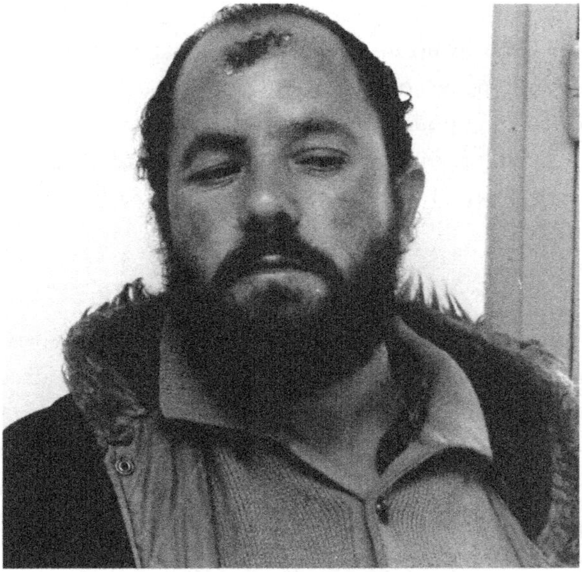

Francisco García Escalero.

cuerpos de los pájaros y animales muertos que encontraba en el patio y que él se llevaba a su celda.

—Me encontraba más a gusto con ellos. Me veía mal, me veía raro, me ponía nervioso de pasear por los pasillos, de estar con gente.

De la cárcel salió con treinta años y el cuerpo tatuado de arriba abajo: un crucifijo, un Cristo, una tumba con la leyenda «Nacidos para morir». Había intentado sacarse el permiso de conducir, pero la memoria le fallaba. Con una educación primaria deficiente y una nula formación profesional, no le quedaba otro camino que la mendicidad. Escalero empezó a pedir limosna en las inmediaciones de la parroquia de Nuestra Señora de Fátima. Vagabundeaba por la ciudad como un apestado, un marginado social:

—Iba por la calle como si no existiese, no chocaba con la gente, era como si no tuviera cuerpo —confesó una vez—. Me miraba a los espejos como si no fuera yo, no me reconocía. Llegué a pensar que podría ser un espíritu, otra persona que se había metido en mí. Oía voces interiores, me llamaban, que hiciera cosas, cosas raras, que tenía que matar, que tenía que ir a los cementerios.

J. J. C., psiquiatra forense, aventura que fue en ese momento cuando la locura homicida se apoderó de él y se decidió la carrera criminal de Francisco García Escalero:

—El problema de Escalero es que no estaba ingresado ni recibía tratamiento. Permanecía en el espacio de la marginación. Falló él, pero también el resto de la sociedad. La red sociosanitaria no supo prever ni evitar las consecuencias de su locura.

En 1985 falleció su padre y Escalero se hundió más aún en el pozo de su desesperación. Al año siguiente se encontraron varias tumbas profanadas en el cementerio de La Almudena y la policía pensó que era obra de alguna secta satánica. Muy probablemente, detrás de las profanaciones se encontraba la mano de Escalero, que en aquella época ya se había entregado por completo a la bebida, y no dejaba de escuchar voces que le pedían sangre.

Es prácticamente imposible reconstruir su trayectoria asesina. Su confesión está lastrada por una patología muy compleja (que mezcla esquizofrenia, paranoia, alcoholismo crónico y necrofilia), por lagunas de memoria provocadas por la constante ingestión de alcohol y drogas, y por el largo tiempo transcurrido entre su detención y la comisión de los primeros asesinatos. Se sospecha que su primera víctima fue P. M., una prostituta toxicómana, madre de dos hijos, a la que conoció en la zona de Capitán Haya y cuyo cuerpo se descubrió, decapitado y calcinado, en las afueras de San

Fernando de Henares en agosto de 1987. Escalero no fue imputado por este crimen.

—No sé si estaba en un sueño o fue algo que me pasó por la cabeza —confesó—. No recuerdo mucho. La cogí en la Castellana y luego la maté y le corté la cabeza.

La primera víctima probada fue otro mendigo, M. R. G., a quien conoció en mayo de 1987. Ambos se hicieron amigos y pedían limosna juntos. Un día, a finales de agosto de 1987 se encontraban mendigando a la salida de una iglesia en la zona del Retiro de Madrid. Para celebrar lo bien que se les había dado, compraron entre los dos una botella de whisky y se dirigieron a una pequeña vaguada situada en una de las tapias del cementerio de La Almudena. Se bebieron el whisky mano a mano y, como era de noche y hacía mucho calor, se desnudaron para tumbarse a dormir sobre un colchón abandonado. Fue entonces, al ver al otro tumbado sobre los restos del colchón, cuando Escalero sintió «una fuerza superior irrefrenable» que le impelió a coger una piedra y aplastar la cabeza de su compañero. Luego sacó un cuchillo y le apuñaló la espalda hasta causarle una fractura en la espina dorsal, aunque M. ya había fallecido a causa del traumatismo craneal. Después cogió una lata de gasolina, roció el cadáver y el colchón, y les prendió fuego.

En noviembre del mismo año, Escalero encontró a una prostituta en la zona de Manuel Becerra a la que convenció para que lo acompañara al interior de una furgoneta abandonada que se hallaba en un descampado entre las calles Alcalá y Hermanos García Noblejas. Escalero solía pernoctar en aquel vehículo algunas noches. Comieron algo y luego fueron hasta la furgoneta, donde se acostaron juntos. Escalero había bebido mucho, al menos una botella de whisky, y tomado una docena de pastillas de Rohipnol, un fármaco hipnótico que acentuaba su agresividad. De repente, Escalero sacó un cuchillo y le asestó tres puñaladas a la mujer en la región dorsal. Desangrada, la mujer murió a causa de una insuficiencia cardíaca irreversible. Escalero le cortó la cabeza al cadáver, después le quitó el reloj que llevaba en la muñeca izquierda y prendió fuego al colchón que les había servido de lecho. El cuerpo ardió junto con la furgoneta. Escalero se marchó con una bolsa de plástico donde metió la cabeza cortada y se paseó con ella por todo Madrid. Cuando se cansó, la arrojó a un pozo. Cuando la policía descubrió el cuerpo decapitado y quemado, creyó, a causa de las mutilaciones, que se trataba de un crimen ritual. La cabeza nunca fue localizada.

La tercera víctima probada de Escalero fue otro mendigo, J. C. B., al que había conocido en el parque de las Avenidas de Madrid. Un día, a primeros del mes de marzo de 1988, caminaron juntos hasta la avenida de los Poblados de Aluche, hacia un descampado que había por allí cerca y donde se tomaron juntos una botella de whisky. Entonces volvió a sentir el mismo impulso irresistible de matar: cogió una piedra y le abrió la cabeza a golpes a su compañero. Las heridas mostraban la mandíbula aplastada, la pérdida de varias piezas dentales y parte del cuero cabelludo arrancado. Después, siguiendo su macabro protocolo, Escalero sacó un cuchillo y le asestó medio centenar de puñaladas a la víctima en el pecho y en el abdomen.

Durante un año aproximadamente, su furor homicida se apaciguó. Pero en marzo de 1989, paseaba junto con otro mendigo, Á. H.V., cerca de la estación de Atocha, cuando, al llegar a la tapia trasera de una bodega, lo golpeó a traición con una piedra y lo apuñaló catorce veces en el pecho. Acto seguido, Escalero intentó cortarle la cabeza pero no pudo, y se conformó con arrancarle los pulpejos de los dedos de ambas manos para evitar su identificación.

Dos meses después, Escalero se encontró con la única víctima que le hizo frente. Nuevamente había bebido mucho y también había tomado varias pastillas de Rohipnol. La misma fuerza irracional que lo poseía durante sus ataques homicidas le empujó a golpear con una piedra en la cabeza a J. S. R., otro indigente con quien paseaba en un descampado de la calle Tiberiades, en la zona de Hortaleza. A pesar del golpe, el hombre se defendió como pudo, pero Escalero sacó un cuchillo con el que le rajó el cuello. Con la carótida seccionada, el hombre cayó al suelo y no tardó en morir, pero todavía estaba con vida cuando Escalero le bajó los pantalones, le cortó el miembro y se lo comió. Después roció el cadáver con alcohol y lo quemó.

Los crímenes se iban sucediendo con sangrienta monotonía, a intervalos marcados por los demonios homicidas de Escalero. La policía ni siquiera sospechaba que aquellos cadáveres que aparecían (destrozados, decapitados, quemados, tirados en pozos) guardaran relación entre sí. Y mientras tanto, el asesino alternaba sus crímenes con horrendas orgías necrofílicas. De vez en cuando saltaba la tapia del cementerio de La Almudena, rompía algún nicho, sacaba los restos mortales y se masturbaba sobre ellos. Nadie podía imaginar que un monstruoso asesino se encontrara detrás de tantas muertes, y la baja extracción social de las víctimas (mendigos, vagabundos, prostitutas) no ayudaba a espolear las investigaciones.

Hubo tantos crímenes que, durante su confesión, la memoria de Escalero titubeaba a la hora de ordenar sus masacres. No supo decir si fue en mayo de 1990 o 1991 cuando mató a un mendigo anónimo a quien conoció pidiendo limosna en la puerta de la iglesia de la Trinidad, en el barrio de la Concepción, según su *modus operandi* habitual. Fueron juntos hasta un descampado en la Cuesta de los Sagrados Corazones, cerca de la M-30, y allí se emborracharon con cartones de vino mezclado con pastillas de Rohipnol. Súbitamente, Escalero sintió la llamada homicida: primero golpeó al mendigo en la cabeza con una piedra y luego lo apuñaló por la espalda. Una vez muerto, le cortó la cabeza y extrajo diversos órganos del cuerpo para aligerarlo de peso y arrojarlo al interior de un pozo que había allí cerca.

—Le arranqué el corazón y mordí un trozo. Para ver a qué sabía —confesó.

Aproximadamente un año después fue otro mendigo, M. T. E., la víctima de la locura asesina de Escalero a través de un proceso prácticamente idéntico. Lo había conocido en una iglesia en la zona del parque de las Avenidas, bebieron juntos vino y tomaron pastillas, y luego fueron hasta un solar donde Escalero lo atacó primero con una piedra y luego con el cuchillo hasta matarlo. Después lo decapitó, evisceró el cadáver y lo arrojó a un pozo. También le amputó un dedo para quedarse con un anillo, que con el tiempo sería utilizado como prueba.

La octava víctima de la que fue acusado era otro indigente, L. B. M., que estaba tumbado sobre un colchón en un paso subterráneo de la avenida de Brasilia. Un día indeterminado de septiembre de 1991, Escalero se abalanzó contra él, lo descalabró con una piedra y lo apuñaló con su cuchillo. Después incendió el cadáver junto con el colchón.

El siguiente ataque presenta una doble anomalía en su largo historial homicida: «Fue la única víctima a la que atacó en compañía de un cómplice y la única que logró sobrevivir. E. D. O., una vagabunda alcohólica, esquizofrénica y obesa, se dirigía a un Seven Eleven de la avenida de América cuando Escalero y Á. S. B. (otro mendigo al que conoció pidiendo limosna en la iglesia de la plaza de Manuel Becerra) la abordaron y se la llevaron hasta un descampado de la calle Corazón de María. La desnudaron sobre un banco, la manosearon, la obligaron a que ella también los toqueteara y entonces Á. S. B., alias el Rubio, la emprendió a patadas y la marcó con un navajazo en la cara. A continuación Escalero la golpeó repetidamente con una piedra y la dejó inconsciente.

Después, creyendo que estaba muerta, la abandonaron en el mismo lugar. La víctima, que tenía fractura orbitaria y heridas faciales que tardaron casi tres meses en curar, presentó denuncia de los hechos».

Escalero no tardó en deshacerse del modo acostumbrado de su repentina asociación criminal: el 29 de julio de 1993, después de ingerir en grandes dosis vino y pastillas de Rohipnol, atacó al Rubio con una piedra y le fracturó el cráneo. Luego envolvió el cadáver con mantas y papeles y le prendió fuego.

El 6 de septiembre del mismo año Escalero ingresó voluntariamente en el hospital psiquiátrico Alonso Vega de Madrid. En febrero había escrito una carta al Juzgado de Instrucción número 30 en la que pedía que lo metieran en la cárcel, pero no obtuvo respuesta. Tres días después de su ingreso se fugó con otro interno, V. L. C. M., un enfermo aquejado de psicosis esquizofrénica, hombre amable, tranquilo y aficionado al ajedrez que no tenía nada que ver con el mundo de la mendicidad. Ambos iban en pijama y, al anochecer, se dirigieron hacia la tapia del cementerio de La Almudena en la avenida de Daroca. Allí Escalero golpeó a su compañero con un objeto contundente con el que le abrió la cabeza. Después quemó el cadáver y se dio a la fuga.

Poco después, las mismas voces que le impulsaban a matar le incitaron al suicidio. Al igual que hizo de niño, Escalero se arrojó al paso de un coche en la carretera de Colmenar Viejo, pero sólo se fracturó una pierna. Fue trasladado al servicio de urgencias del hospital Ramón y Cajal donde contó a las enfermeras que lo atendieron su último asesinato. También dijo que no entendía cómo podía haber sobrevivido si se había colocado en el centro de la carretera.

Alarmada, una de las enfermeras avisó a los guardias de seguridad del hospital, quienes contactaron con el centro psiquiátrico Alonso Vega. Allí confirmaron que, efectivamente, Francisco García Escalero se había fugado recientemente en compañía de otro interno. Inmediatamente llamaron a la policía.

Durante su larga confesión, Escalero contó con todo lujo de detalles a los agentes que lo interrogaban cómo había matado a catorce personas, haciendo especial hincapié en el placer que experimentaba al mantener relaciones sexuales con los cadáveres. Aparte de los once asesinatos probados, se declaró autor de otras cuatro muertes de las que no se pudo comprobar su autoría: la prostituta de Capitán Haya; un hombre que, según él, no le quiso dar dinero y cuyo cuerpo apareció sin vida en el parque del Retiro el 22 de abril de 1990; un travesti asesinado en una rotonda de Barcelona y una mujer de edad avanzada a la que manoseó y atacó en un descampado cercano a la zona de avenida de América.

Cuando el caso saltó a la prensa, Escalero fue rápidamente bautizado como el Matamendigos y su rostro ocupó la primera plana de todos los periódicos españoles. Pero los forenses estaban todavía lejos de dilucidar el complejo cuadro psicótico del criminal, en el que se mezclaban diversas psicologías y trastornos junto a una clara conducta antisocial. Según los psiquiatras que lo trataron, Escalero no sentía el menor remordimiento ni ningún sentimiento de culpa. Hablaba de los asesinatos como si los hubiera cometido otra persona, como si fuesen parte de una película. Uno de los responsables del informe pericial que se utilizó en el juicio explicó que la violencia latente del acusado podía desencadenarse por el menor motivo: un cartón de vino o un puesto para mendigar a la puerta de una iglesia.

—Eran luchas de supervivencia —dijo—, de una brutalidad primitiva.

Algunos testigos recordaron su agresividad. Cuando pedía a la puerta de las iglesias, a veces se ofendía con quienes le ayudaban y

Las entrevistas con los psiquiatras se realizaron durante tres meses

Escalero reconoce que cuando está con alguien sólo piensa en matarle

«Sabía que no tenía que matar, pero no lo podía evitar», declara

(Viene de página 1)

En sus declaraciones a los médicos, el «mendigo asesino» reconoce que no puede estar con nadie en las habitaciones porque tiene manía persecutoria y la presencia de cualquier persona le desencadena ideas de matar por miedo a que le maten a él. En ocasiones él mismo pidió ingresar en un hospital psiquiátrico alegando que no quería volver a matar a nadie.

Así, en una ocasión declaró: «Tengo trastornos como de asesinato; por ejemplo, si entro en una iglesia y llevo un machete y hay una mujer, pues me da por cortarle la cabeza. Y es que yo ya no siento apetito sexual ni con vivas ni con muertas, ni que vaya con travestis ni nada, ya no puedo hacer nada».

Las entrevistas de los psiquiatras con él se realizaron entre el 7 de enero y el 7 de abril, y en ellas muestra una actitud pasiva, pero de colaboración. Sus respuestas son en voz baja, monótona y con monosílabos.

FALTA DE AFECTIVIDAD.— A los psiquiatras les llama la atención la falta de modulación afectiva de sus relatos, incluso en los hechos más violentos y una actitud como de no importarle nada.

Francisco García Escalero.

Sus relatos son sinceros, pero en ocasiones niega hechos de los que no quiere acordarse y otras veces parece que tuviera conciencia de alguna amoralidad, como cuando reconoce que quería hacer cosas raras con una mujer.

En sus declaraciones señala: «Sabía que no tenía que matar, pero me entraban como fuerzas, como una subida y era cuando yo mataba, no lo podía evitar».

En cuanto a su vida sexual, reconoce que no ha mantenido relaciones afectivas y que sus relaciones sexuales han sido con ocasión de violaciones y con prostitutas y que incluso tuvo relaciones zoofílicas.

En la compleja personalidad de Francisco destacan también sus tendencias necrófilas. Así, reconoce que cuando estaba en la prisión de El Dueso, cogía los pájaros y animales muertos y los llevaba su celda porque así se sentía más a gusto.

DESENTERRAR CADAVERES.— En cierta ocasión fue sorprendido desenterrando cadáveres en el cementerio de La Almudena, junto con otra persona. Desenterraron tres cadáveres, los pusieron contra una pared y los dejaron poque estaban podridos. En ocasiones entró en el depósito del Hospital Gregorio Marañón, donde tocaba cuerpos de mujeres. Llegó a asegurar que sentía más satisfacción realizando actos sexuales con una mujer muerta que con una viva.

Además, muchos de sus actos los realizó bajo el efectos del alcohol y las drogas, que ingiere juntas con lo que siente una fuerza interior que le lleva a cometer actos violentos.

Cortesía de *El Mundo* (10 de junio de 1994).

les tiraba el dinero a la cara. Una vez incluso llegó a golpear a una muchacha.

Debajo de su ira homicida latía una sexualidad atormentada, la soledad donde se había aislado desde niño y que le llevaba a visitar cementerios y copular con cadáveres. La policía ya lo había sorprendido varias veces profanando tumbas, y lo habían devuelto al hospital psiquiátrico, que fue para él lo más parecido a un hogar. Una vez lo sorprendieron masturbándose frente a tres cuerpos que había desenterrado y apoyado de pie contra un muro. Confesó que no pudo copular con ellos porque el olor era insoportable.

El momento más emotivo del juicio tuvo lugar cuando E. D. O., la única superviviente de su larga carrera criminal, compareció en el juicio con la cara marcada por navajazos y pedradas.

—No me dejaban. Me tocaban como en un juego de imaginación. Les movía como una potencia.

La mujer declaró cómo, mientras el Rubio la torturaba, Escalero lo miraba todo fumando un cigarrillo tranquilamente. «Si quieres matarla, mátala», le dijo a su compañero.

En el hospital psiquiátrico, Escalero había confesado sus crímenes muchas veces, pero nadie lo tomaba en serio. Ahora, por primera vez en su miserable vida, se sentía el centro de atención. En febrero de 1995 acudió a la Sección 1.ª de la Audiencia Provincial de Madrid con buen color de cara y sus escasos pelos repeinados, atendiendo a los pormenores del juicio con una tranquilidad que helaba la sangre. A su lado, sustituyendo al abogado de oficio, andaba otro personaje que con el tiempo también iba a hacer carrera criminal: Emilio Rodríguez Menéndez, un letrado sui géneris que ya se había distinguido en causas tan populares como la del Dioni o la de la Dulce Neus y que seguía buscando desesperadamente publicidad.

Pero la defensa de Escalero apenas presentaba dificultad. Los especialistas ya habían señalado que Escalero no era responsable de sus actos, que mataba siempre en una especie de trance donde se mezclaban las voces de sus demonios, los medicamentos psicotrópicos y los cinco litros de vino que solía ingerir a diario. La culpabilidad del acusado estaba más que probada, el problema se reducía a determinar si debía ser ingresado en un hospital psiquiátrico o en una residencia civil, como solicitaba temerariamente su abogado defensor. Sin embargo, a pesar de que Rodríguez Menéndez intentó presentar al acusado como un buen hombre trastornado por la bebida y las drogas, para el Tribunal no cabía duda de que se trataba de un verdadero peligro para la sociedad. Escalero fue condenado a treinta años de reclusión en el centro psiquiátrico penitenciario de Fontcalent (Alicante), un lugar de donde sólo saldrá para recalar en otro centro similar.

—Lo que padece —dijo uno de los especialistas— es una enfermedad incurable que surge por brotes, y que es absolutamente irreversible. Puede pasar temporadas más o menos asintomáticas pudiendo llevar una vida completamente normal, pero desde luego el fondo de su enfermedad siempre está ahí y puede volver a matar en cualquier momento.

Por su parte, Escalero declaró:

—Nunca comprenderé mientras esté vivo por qué lo hacía. No lo podré saber nunca. Jamás. Jamás en la vida comprenderé cómo pude llegar a hacer lo que he hecho.

Los mendigos de Madrid, algunos de ellos antiguos compañeros de juerga de Escalero, aún sienten miedo al oír su nombre. Y los psiquiatras saben muy bien que las posibilidades de reinserción social de Escalero son remotas, por no decir nulas. El problema es cuántos habrá sueltos como él. Sus ojos fijos y desequilibrados son una advertencia, un constante recordatorio de esos náufragos de la sociedad del bienestar que malviven como pueden, apartados de todos, entre cartones y botellas de vino barato, al margen de un sistema que ha decidido ignorarlos.

2

El perfil

Francisco García Escalero pasea tranquilo entre los más de doscientos reclusos internados en el centro psiquiátrico penitenciario de Fontcalent, quizá porque sabe que todos y cada uno de ellos —parricidas, violadores, homicidas y asesinos en serie— son como él: enfermos con trastornos psicóticos que, posiblemente, nunca hubieran delinquido de no ser por una deficiente asistencia sanitaria y por la aparente política liberal del gobierno en la década de 1980, que conllevó el cierre de los psiquiátricos públicos, abocando a la indigencia o el anonimato social a muchos internos sin familia.

García Escalero sufre una esquizofrenia paranoide. La esquizofrenia —del griego, *schizo*: «división», «escisión» o «rotura», y *phrenos*: «mente»— es un trastorno severo de las funciones cognitivas que genera un pensamiento confuso y una percepción delirante y errónea de la realidad. Se trata, como es sabido, de una enfermedad incurable que se suele manifestar entre los veinte y los veinticinco años y para la cual existen distintos tratamientos farmacológicos paliativos. De hecho, un esquizofrénico puede llevar una vida absolutamente normal si se encuentra adecuadamente medicado. Desprovisto de tratamiento, sin embargo, los característicos brotes psicóticos ocasionados por la enfermedad se vuelven cada vez más recurrentes y violentos.

Precedidos por comportamientos extraños y extravagantes denominados entre los especialistas «conductas premórbidas» —como en el caso de la doctora Noelia de Mingo, quien, apenas unos días antes de asesinar a tres personas y herir a otras siete, hablaba sola por los pasillos de la Fundación Jiménez Díaz y trabajaba con ordenadores apagados—, los brotes psicóticos pueden consistir en alucinaciones táctiles, gustativas, visuales o auditivas. Mientras que las visuales son, por lo general, de carácter monstruoso y persecutorio, las auditivas son normalmente invasoras, lo que implica que el enfermo oye voces, discute con alguien inexistente —brote psicótico típico en los alcohólicos crónicos— o escucha una o varias voces que le dan órdenes, en la mayoría de los casos de naturaleza homicida. Este último tipo de voces eran las que escuchaba Escalero y las que, según propia confesión, lo empujaron a comerse el corazón de una de las víctimas: «Las voces se ríen de mí. Me dicen que quieren sangre. Entonces le saqué el corazón y mordí un trozo».

Al igual que sucede con muchos otros depredadores, en la infancia y adolescencia de García Escalero encontramos ya indicios de un comportamiento anómalo. Los continuos intentos de suicidio que su padre intentaba corregir a base de palizas, su carácter introvertido y solitario y una extraña fijación por los muertos, ya nos indican la existencia de anomalías conductuales. La posterior condena de doce años de prisión por la violación de una chica en presencia de su novio, no haría sino agravar su ya compleja y enfermiza personalidad.

El consumo de alcohol, cocaína y toda clase de psicotrópicos que mezclaba con abundantes cantidades de alcohol, además de pastillas de Rohipnol, un fármaco de alta tolerancia y con gran capacidad adictiva, convirtieron a Escalero, en un relativo corto

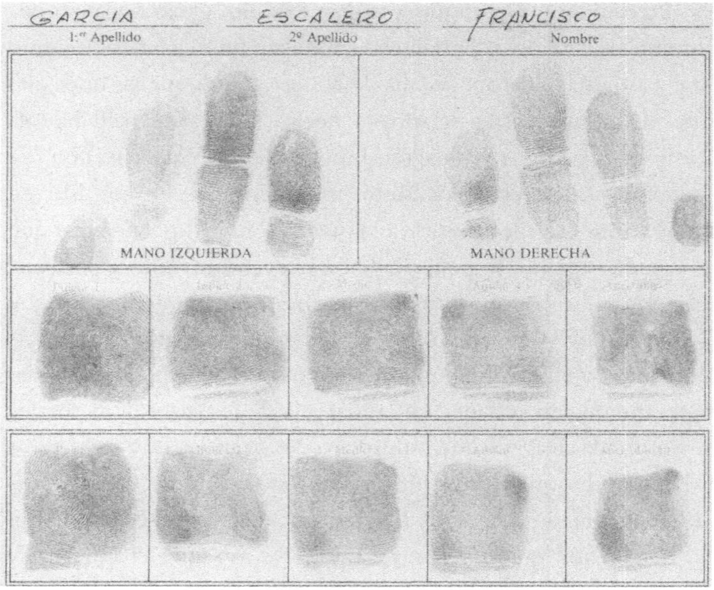

Huellas dactilares de Francisco García Escalero.

espacio de tiempo, en un profundo politoxicómano, sumándose así a su mencionada psicosis congénita una psicosis tóxica. Éstas pueden remitir en unas horas o instalarse para siempre en la vida del sujeto, rompiendo como un cristal su estructura cerebral. En cualquier caso, si la psicosis congénita hace percibir la realidad como un conjunto de partes inconexas entre sí, sumada a la psicosis tóxica, resulta tan complicado diferenciar lo real de lo que no lo es como recomponer un espejo roto en mil pedazos.

El perfil criminal de García Escalero es el de un asesino en serie desorganizado. Aunque confesó cuatro crímenes más, finalmente se le imputaron once asesinatos, lo que implicaría una pulsión homicida media-baja y con unos períodos de calma de una duración cercana a los seis meses, si no fuera porque mataba guiado por un criterio impulsivo de oportunidad. En el caso de la tercera y cuarta víctima, dejó transcurrir un año, mientras que no pasaron más de dos meses entre la cuarta y la quinta víctima.

Como ocurre con todos los asesinos en serie desorganizados, Francisco no intentó perfeccionarse en la reiteración delictiva, ni tampoco actuaba con especial premeditación. No existió, por tanto, *error criminis*, ya que no trataba de ocultar a las víctimas y sus toscos intentos de borrar las huellas de los delitos —como quemar los cadáveres y cortarles las yemas de los dedos— se fundían con los habituales actos *post mortem* de los crímenes psicóticos, esto es: manipulaciones cadavéricas, actos de necrofagia, mutilaciones y evisceraciones.

Sabemos que los actos sexuales de necrofilia y la necrofagia están íntimamente ligados a las enfermedades mentales. A excepción de los simuladores —asesinos no desorganizados que realizan actos *post mortem* para confundir a los investigadores—, nadie sin una profunda patología mental podría superar el hedor cadavérico o el olor de las vísceras humanas. Ante estos estímulos, es normal que se produzcan involuntarios movimientos antiperistálticos en el estómago, produciéndose náuseas y vómitos. García Escalero, por el contrario, disfrutaba en compañía de los cadáveres; incluso había sido detenido al ser descubierto en el cementerio de La Almudena copulando con un cuerpo recién sacado de uno de los nichos.

En conclusión, las decapitaciones, mutilaciones, evisceraciones (vaciado de las vísceras, extracción de las mismas) y, en definitiva, todos los actos que García Escalero llevó a cabo con las víctimas evidencian un claro y profundo trastorno patológico. Se trata de actos que el sujeto lleva a cabo ante la incapacidad para realizar torturas sobre un ser vivo, dada su completa falta de dominio sobre la víctima mientras ésta aún está con vida y su inoperancia para dominar la situación creada, cuyo control absoluto sólo se inicia con la muerte. No olvidemos que los gritos, súplicas y llantos suelen incomodar a los asesinos psicóticos, dado que humanizan a la víctima haciendo menos abordable desde una perspectiva emocional la acción homicida. Sólo la quietud de la muerte, el silencio de un cuerpo sin vida, les permite actuar con tranquilidad.

Entre 1987 y 1993 Francisco García Escalero asesinó a catorce personas sin que se estableciera ninguna investigación con relación a su persona. A primera vista, pudiera parecer que el hecho de que sus víctimas pertenecieran a la más desfavorecida de las clases sociales, prostitutas que rondaban la indigencia, mendigos y pacientes fugados de hospitales psiquiátricos públicos, no generaba todo el interés que debería en las fuerzas de seguridad y cuerpos del Estado. En cualquier caso no podemos negar que la suma de ciertos factores que actuaban en este caso imposibilitaba cualquier acción de investigación al respecto.

Las distintas formas de agresión que García Escalero ejercía sobre sus víctimas no reflejaban una conducta de comportamiento unívoca que pudiera establecer una relación entre las distintas investigaciones. Las decapitaciones en algunos casos, los destrozos por extrema violencia en otros, las evisceraciones, las distintas amputaciones, o las violaciones *post mortem* no reflejaban un perfil único que hubiera que investigar.

Tampoco podemos olvidar que nadie reclamó las desapariciones de las víctimas en ninguna dependencia policial, ni que la mayoría de los cadáveres fueron descubiertos *a posteriori*, es decir, después de que Francisco García Escalero confesase sus catorce crímenes. Una vez hallados los cuerpos tampoco hubo familiares o amigos que los reclamasen.

Por otra parte y por increíble que parezca, debido al carácter psicótico de Francisco García Escalero, éste no realizaba actividades tendentes a no ser descubierto. La organización de la escena criminal revelaba que el estado mental del asesino era claramente el de un psicótico, incapaz de controlar el acto criminal, incapaz de preparar la escena, de manipular las pruebas o de ocultar el cadáver. Los escenarios no estaban organizados. El psicótico no evita ser capturado, es incapaz de prepararlo, actúa por impulso. En las ciencias criminológicas, en ocasiones se sabe más de un asesino por su afán de hacer desaparecer las huellas y las marcas que por el *modus operandi* utilizado.

Por otra parte, el único acto común en muchas de las víctimas mortales de García Escalero era el hecho de prenderles fuego a los cadáveres. Desgraciadamente, la calcinación de las víctimas con el objetivo de anular las huellas del crimen es un recurso demasiado amplio y que, desde luego, no permite trazar un único perfil sobre todas las víctimas así encontradas.

La suma de todos estos factores impidió que se pudiera establecer una investigación alrededor de Francisco García Escalero, que actuó impunemente desde 1987 hasta su confesión en 1993.

Casuística comparada

Fritz Haarmann, «el carnicero de Hannover» (Alemania, 1879-1925). Homosexual, confidente de la policía, epiléptico y necrófago. Se le imputaron veintisiete asesinatos. El formato final de sus víctimas era el de salchichas o hamburguesas. Afirmó que sus «crímenes no eran para sacar un beneficio con la venta de carne humana, sino que estaban motivados por un frenesí erótico» que le conducía a matar «para satisfacer sus irrefrenables deseos». Haarmann temía que se le considerase un loco y que le internasen en un centro psiquiátrico. Pidió ser condenado a muerte. El 15 de abril de 1925 fue decapitado.

Albert Fish, «el abuelo caníbal» (Washington D.C., 1870-1936). Necrófago, pederasta, sádico y masoquista. En el momento de su detención tenía clavadas veintinueve agujas en los testículos. Sometía a todo tipo de torturas a sus víctimas, mutiladas aún con vida. Todas sus víctimas eran menores, en su mayoría varones que vivían en la calle, a los que cocinaba con distintas recetas. También bebía su sangre. Fue capturado en 1935, cuando alardeó de sus dotes culinarias en una carta a la familia de una de sus víctimas. Reconoció más de cien asesinatos, aunque finalmente se le imputaron quince. Su pulsión masoquista era tan alta que una radiografía reveló hasta veintinueve agujas clavadas en los testículos, muchas de ellas, introducidas hacía tanto tiempo que mostraban un alto nivel de oxidación. Condenado a morir en la silla eléctrica, se mostró extremadamente generoso con los guardias, a los que ayudó a que le colocaran los electrodos. «Qué alegría morir en la silla eléctrica. Será el último escalofrío, el único que todavía no he experimentado», fueron sus últimas palabras.

Fue ejecutado el 16 de enero de 1936 en la prisión de Sing Sing.

Andréi Chikatilo, «el monstruo de Rostov» (Ucrania, 1936). Profesor de filología. Casado y padre de dos hijos. Torturó, violó e ingirió los genitales de cincuenta y tres niños cuando aún conservaban la vida. Sólo así alcanzaba el orgasmo. Los estudios psiquiátricos lo declararon sano. Actuó impunemente desde 1978 hasta su detención el 20 de noviembre de 1990. De todas las mutilaciones y del sadismo que ejercía sobre sus víctimas cabría destacar la obsesión de Chikatilo por extraer o apuñalar hasta hundir en las cuencas los ojos de las víctimas. Lo hacía porque creía que en la retina se quedaba grabada la última imagen en vida del fallecido, como si fuese una fotografía. Juzgado en 1992, fue condenado a muerte y ejecutado de un disparo en la cabeza en 1994.

Ed Gein, «el desenterrador de cadáveres» (Plainfield, Wisconsin, 1906). Padecía una profunda oligofrenia. (Bajo esta denominación se incluyen todos los cuadros que como manifestación común presentan insuficiencia o retraso en el desarrollo de las funciones mentales.) El 16 de noviembre de 1957, Ed Gein asesinó a la dueña de la ferretería de su pueblo, Bernice Worden, disparándole a la cabeza con un viejo rifle del calibre 22. En la última anotación del libro de contabilidad de la ferretería podía verse la última venta, realizada a Ed Gein, de una lata de anticongelante.

Cuando los agentes se dirigieron a la granja de Gein, encontraron un cadáver eviscerado y colgado de ganchos en el granero y toda suerte de restos humanos por la casa, algunos manipulados para poder comer con ellos o vestirse (tallaba huesos a modo de cucharas, cuencos o tenedores y cosía restos de piel para fabricarse prendas de vestir). En casa guardaba varias cabezas casi intactas; por si fuera poco, elaboraba muebles con la piel y los huesos de sus víctimas y hasta se hacía prendas de vestir con los fragmentos de piel humana extraída de los cadáveres. En la granja, en una de las habitaciones con la puerta cerrada a cal y canto con tablones claveteados, los agentes de la policía encontraron el cadáver de su madre fallecida en 1945, doce años antes del macabro descubrimiento.

Ed Gein confesó que su único crimen había sido el de asesinar a Bernice Worden. El resto de los cadáveres los había robado del cementerio, tal como se pudo comprobar tras su declaración. En Plainfield todo el mundo decía de Ed Gein que era una persona trabajadora, cumplidora y fiable aunque un poco excéntrica.

Ed Gein falleció por insuficiencia respiratoria el 26 de julio de 1984, tras casi tres décadas de internamiento en un centro psiquiátrico, donde resultó ser, según confirman los informes médicos, un paciente modelo.

3

La sentencia

Audiencia Provincial de Madrid. Sumario 2/94

En Madrid, a veintisiete de febrero de 1996

Hechos probados

El procesado FRANCISCO GARCÍA ESCALERO, mayor de edad, vecino de Madrid, soltero y con antecedentes penales, en fechas no exactamente determinadas y que se comprenden aproximadamente entre los meses de agosto de 1987 y septiembre de 1993, llevó a cabo en esta capital los hechos siguientes:

A) A finales de agosto de 1987, tras comprar una botella de whisky, se dirigió el procesado en compañía de M. R. G., al que conocía con anterioridad y que se dedicaba, al igual que él, a la mendicidad, a una pequeña vaguada de la parte posterior del cementerio de Nuestra Sra. de la Almudena, donde bebieron la botella. En un momento determinado, cuando M. R. G. se hallaba tumbado sobre los restos de un colchón abandonado, Francisco, al sentir una fuerza superior irrefrenable, cogió una piedra con la que, sorpresivamente, le golpeó la cabeza, aplastándosela. A continuación, le apuñaló una vez por la espalda con un cuchillo que portaba, sufriendo fractura en región dorsal, falleciendo a causa del traumatismo craneal. Después, roció con gasolina el colchón y el cuerpo de M. R. G., prendiéndole fuego.

B) En el mes de noviembre de 1987, tras conocer a una mujer al parecer de nombre M. y cuyos datos restantes no ha sido posible determinar, la convenció para que le acompañara al interior de una furgoneta abandonada en un descampado y que él utilizaba en algunas ocasiones para pernoctar. Una vez dentro, y habiendo bebido con anterioridad el procesado una botella de whisky y tomado 10 o 12 comprimidos de Rohipnol, esgrimió una navaja con la que le asestó tres puñaladas en región dorsal y otras dos en la región deltoira izquierda, heridas que ocasionaron una abundante hemorragia desencadenante de una insuficiencia cardíaca irreversible. A continuación y con el mismo instrumento, le seccionó la cabeza, la metió en una bolsa de plástico y la arrojó, al parecer, a un pozo. Luego prendió fuego a un colchón sobre el que se hallaba M., ardiendo el cuerpo de ésta y la furgoneta.

C) A primeros del mes de marzo de 1988, se dirigió con el también indigente J. C. B. a un descampado donde ingirieron la botella de whisky que portaban. En un momento dado, al sentir nuevamente Francisco García Escalero una fuerza incontrolable, cogió una piedra con la que golpeó a J. C. B. en la cabeza, causándole una herida con arrancamiento de cuero cabelludo, pérdida de varias piezas dentarias y aplastamiento del maxilar superior izquierdo. A continuación, con un cuchillo que portaba, le asestó múltiples puñaladas en el tórax y el abdomen en un número no inferior a cincuenta y cuatro, falleciendo por tales heridas de arma blanca.

D) En el mes de marzo de 1989, se dirigió en unión de Á. H.V. a una tapia cercana a la estación de Atocha donde, después de haber bebido whisky y tomado pastillas de Rohipnol y sintiendo esa fuerza irrefrenable, le golpeó en la cabeza con una piedra, tras lo cual le asestó catorce cuchilladas en el tronco, originándole la muerte y procediendo con posterioridad a seccionarle la cabeza sin conseguirlo, cortándole a continuación los pulpejos de ambas manos.

E) En el mes de mayo de 1989, Francisco García Escalero se dirigió junto con el también indigente J. S. R. a un descampado de la zona de Hortaleza. Una vez allí, y tras haber ingerido bebidas alcohólicas y pastillas de Rohipnol y presa de una fuerza incontrolable, esgrimió una navaja con la que asestó a J. un corte en el cuello de atrás hacia delante, que seccionó la carótida izquierda, lo cual provocó una hemorragia intensa que le ocasionó la muerte, no obstante lo cual y hallándose aún J. con vida, le seccionó el pene y se lo puso en la boca. Después, procedió a prender fuego con gasolina al cuerpo de la víctima.

F) En torno al invierno de 1990 o 1991, el procesado, en unión de un individuo llamado, al parecer, J. y cuyos restantes datos se desconocen, se dirigieron a un descampado cercano a la Cuesta de los Sagrados Corazones, donde consumieron dos o tres litros de vino junto con pastillas de Rohipnol, tras lo cual Francisco García Escalero, al sentir esa fuerza incontrolable, cogió una piedra con la que golpeó a J. en la cabeza, clavándole seguidamente un cuchillo en la espalda hasta que le produjo la muerte. Posteriormente, le seccionó la cabeza y extrajo diversas vísceras y órganos del cuerpo de la víctima para aligerar el peso del mismo y así poder trasladarlo y arrojarlo a un pozo.

G) Un año después de los anteriores hechos, el procesado se dirigió al mismo descampado en unión de M. T. E., también indigente, y tras ingerir vino y pastillas de Rohipnol, al sentir una fuerza incontrolable, golpeó a M.T. E. en la cabeza con una piedra y luego le clavó varias veces un cuchillo por la espalda hasta causarle la muerte. Una vez muerto, le amputó un dedo con el fin de apoderarse de un anillo valorado en 21.558 pesetas y que posteriormente ha sido recuperado. A continuación, le seccionó la cabeza y extrajo del cadáver diversas vísceras y órganos para así aligerarlo de peso y poder trasladarlo hasta el mentado pozo, donde lo arrojó.

H) En el mes de septiembre de 1991, el procesado, habiendo ingerido vino y pastillas de Rohipnol, se dirigió a un paso subterráneo existente en la Avda. de Brasilia, lugar donde solían pernoctar personas sin techo. En ese lugar se hallaba tumbado encima de un colchón L. B. M., contra el que se dirigió el procesado golpeándole con una piedra en la cabeza y asestándole seguidamente varias puñaladas con un cuchillo, ocasionándole la muerte. Después, le prendió fuego, ardiendo el colchón y el cuerpo de la víctima.

I) El día 8 de junio de 1993, el procesado, en unión de otro individuo no identificado, abordaron a E. D. O., una mujer aquejada de esquizofrenia, cuando se dirigía a un Seven Eleven de la avenida de América, obligándola a acompañarlos hasta un descampado donde, en un banco que había y tras desnudarla, efectuaron tocamientos por todo el cuerpo y genitales, obligándola a que ella también les tocara. En un momento dado, uno de ellos le propinó unas patadas y le agredió en la cara con una navaja. A continuación, Francisco García Escalero, que había ingerido vino y pastillas, cogió una piedra con la que le golpeó varias veces en la cabeza tratando de acabar con su vida, perdiendo la mujer el conocimiento y dejándola abandonada en el lugar. A consecuencia de lo anterior E. D. O. resultó con heridas de las que curó a los ochenta y cinco días, durante los cuales estuvo impedida y quedándole como secuela una cicatriz en cara y cuello cabelludo.

J) En el mes de julio de 1993, el procesado, en unión de Á. S. B., se trasladó al descampado de la Cuesta de los Sagrados Corazones y, una vez allí, habiendo ingerido Francisco García Escalero, vino y pastillas de Rohipnol, al sentir una fuerza irresistible, cogió una piedra con la que golpeó a Á. S. B. en la cabeza, ocasionándole la muerte. A continuación, procedió a prender fuego al cadáver.

K) El día 9 de septiembre de 1993, el procesado, que había ingresado tres días antes en el Hospital Psiquiátrico Provincial, se fugó de dicho centro en unión del interno V. L. C. M., quien padecía una psicosis esquizofrénica, dirigiéndose ambos a la tapia del Cementerio de La Almudena. Una vez allí, Francisco García Escalero sintió de nuevo una fuerza irrefrenable y golpeó a V. L. C. M. en la cabeza con un objeto contundente, lo que le produjo la muerte, procediendo a continuación a quemar el cadáver y regresando al día siguiente al hospital, donde relató lo sucedido.

Fundamentos de derecho

Primero. Los hechos que se declaran probados son legalmente constitutivos de once delitos de asesinato, uno de ellos en grado de frustración, descritos y penados en el artículo 406.1 del Código Penal, un delito de rapto descrito en el artículo 440 del Código Penal con concurso medial con un delito de agresión sexual tipificado en el artículo 430 del mismo texto penal.

En los casos relatados, salvo en el de la mujer E. D. O., el procesado conocía con anterioridad a sus víctimas, muchas de las cuales se dedicaban con él a la mendicidad. En el caso de E. D. O., es cierto que no existía tal conocimiento previo, pero no lo es menos que nos hallamos ante una persona desvalida y que padece esquizofrenia.

Segundo. En el caso de la conducta llevada a cabo con L. B. M., no existe dato que acredite la concurrencia de la circunstancia agravante de premeditación conocida del artículo 406 del Código Penal, pues en el caso de autos no existe dato o elemento alguno que lo acredite.

El ensañamiento, circunstancia 5.ª del artículo 406 del Código Penal, sigue la misma suerte que la anterior, pues la dinámica comitiva revela el propósito homicida del procesado pero no un ánimo de infligir a la víctima un dolor innecesario dado que, cuando se prende fuego al cuerpo de L. B. M., éste ya era cadáver. Por otra parte, tampoco consta que no fueran necesarias todas las cuchilladas propinadas para causar la muerte.

Tercero. Los hechos relatados en el apartado I) son constitutivos de un delito de rapto en concurso con un delito de agresión sexual, como se ha dicho.

Cuarto. Los hechos relatados en el apartado B) son también constitutivos de una falta de hurto descrita en el artículo 587.1 del Código Penal, al haberse apoderado del reloj que llevaba M.

Quinto. De dichos delitos es autor el procesado Francisco García Escalero por la participación material que tuvo en su ejecución, tal y como él ha reconocido. Aquí, es de resaltar que no existe motivo para dudar de la verosimilitud de su testimonio como han manifestado los médicos forenses, ya que narraba los hechos con frialdad y sin vanagloriarse. Además, su relato ante la policía ha sido corroborado por datos objetivos tales como el hallazgo de los cadáveres en los lugares por él reseñados, siendo su confesión la que ha facilitado la investigación y esclarecimiento de los hechos.

Sexto. En la realización de dichos delitos ha concurrido en el procesado la eximente de responsabilidad penal de enajenación mental del artículo 8.1 del Código Penal, existiendo, en cuanto a este particular, acuerdo de todas las partes. Los informes de los peritos han sido categóricos.

El procesado, en el momento de llevar a cabo todos los hechos relatados, presentaba una psicopatología compleja con un diagnóstico múltiple: esquizofrenia, alcoholismo crónico, síndrome de dependencia al alcohol, trastorno de la inclinación sexual, necrofilia, episodios de intento de suicidio, etc., a lo que hay que añadir los problemas derivados de su marginación social.

Es de destacar la relevancia de la esquizofrenia, que se manifiesta en trastornos de la percepción, en concreto alucinaciones auditivas. Francisco García Escalero creía oír voces imperativas que le decían lo que tenía que hacer y le obligaban a ejecutar de forma automática e irreflexiva las órdenes que él creía recibir.

El procesado es en parte consciente de esos impulsos y los identifica con una fuerza que le sube de repente a la cabeza y le lleva a pasar inmediatamente a la acción.

Séptimo. Partiendo de la apreciación de dicha eximente, la elección entre tratamiento ambulatorio e internamiento ha de venir condicionada por el riesgo de comisión de nuevos delitos. En este sentido, la gravedad de la psicopatología que padece el procesado ha quedado plenamente constatada. De ahí que la medida proporcionada a su peligrosidad y a la propia terapia del enfermo sea el internamiento, que debe llevarse a cabo en un hospital psiquiátrico cerrado, centros que no existen en España en la actualidad.

Por ello, el cumplimiento de la medida se llevará a cabo en un psiquiátrico penitenciario.

Octavo. Salvo a E. D. O., a quien se le ha causado unos perjuicios derivados de las lesiones y secuelas sufridas evaluables económicamente, no se han ocasionado a terceros perjuicios materiales derivados de la muerte de las víctimas, al no haber sufrido ninguno de los herederos menoscabo patrimonial alguno por ello.

FALLAMOS

Que apreciando en el procesado FRANCISCO GARCÍA ESCALERO la eximente completa de enajenación mental, le absolvemos de todos los delitos por los que se ha seguido este procedimiento.

Se acuerda el sometimiento de Francisco García Escalero a la medida de internamiento en el psiquiátrico penitenciario de Alicante, en el que se encuentra en la actualidad y del que no podrá salir sin autorización del Tribunal.

Francisco García Escalero deberá indemnizar en la suma de 20.000.000 de pesetas a los padres de V. L. C., con el que convivían, y en la de 10.000.000 de pesetas al hermano de Á. S. B., con el que la víctima convivía, por los daños morales causados.

Así, por esta sentencia, de la que se llevará certificación al rollo de Sala, lo pronunciamos, mandamos y firmamos.

José Antonio Rodríguez Vega
El Mataviejas

1

Los acontecimientos

A veces es muy difícil comprender qué es lo que convierte a un hombre normal y corriente en un criminal, qué extraño impulso lo lleva a dar el salto que separa el bien del mal. Sin embargo, también en el mal hay grados, escaleras y abismos. Nunca sabremos a ciencia cierta qué fue lo que empujó a José Antonio Rodríguez Vega, un violador convicto y confeso, a saltar al remolino del asesinato hasta convertirse en uno de los *serial-killers* más tristemente célebres de España.

Al contrario de lo que piensa el común de los mortales, los asesinos no llevan escrito el mal en la cara. Ninguna cicatriz en el rostro, ningún brillo siniestro en los ojos que muestran día tras día en la calle podría hacer sospechar su secreto. Como en tantas otras ocasiones, todo en la apariencia de Rodríguez Vega apuntaba hacia la normalidad. Un hombre atractivo, moreno, de nariz aguileña y boca sensual, que gastaba modales educados y exhibía sin reparos un talante amable y conversador. Pero bajo esa fachada respetable y hasta anodina, se ocultaba una personalidad siniestra y despiadada, un psicópata sin corazón capaz de violar y matar sin el menor remordimiento a dieciséis ancianas antes de que la policía lo atrapara, durante el año escaso en que lo dominó su furia homicida.

Como en muchos otros asesinos en serie, para entender las raíces de la violencia que se desencadenaría después es necesario escarbar en las experiencias de sus primeros años. Nacido en Santander, en 1957, Rodríguez Vega desarrolló durante su infancia un fuerte impulso sexual hacia su madre, una obsesión materna teñida de odio que él mismo apuntaría después como la causa de todas sus desdichas. Esa mezcla de temor y atracción erótica fue, según él, el caldo de cultivo donde empezaron a fraguarse todas sus fantasías de dominio y violación, y sus instintos asesinos. «Todos los hombres han sentido alguna vez deseos de violar a su madre», dijo en una ocasión. También contó que su primer acto sexual fue cuando tenía ocho años con una viuda de cincuenta, una experiencia que, real o no, recordada o fruto de un sueño, marcaría toda su futura trayectoria criminal.

Sin embargo, ya en esos primeros años el joven Rodríguez Vega hacía gala de un carácter notoriamente violento. La convivencia familiar siempre fue problemática: según el testimonio de algunos de sus familiares, se comportaba como un déspota en casa, maltrataba a sus hermanos a capricho y tiraba la comida al suelo a la menor provocación. Hasta el día en que el muchacho propinó una paliza a su padre enfermo y su madre lo expulsó de casa. Rodríguez Vega nunca perdonó esa última humillación. Mucho tiempo después, cuando fue capturado, en las entrevistas donde se vanagloriaba de sus crímenes, intentó racionalizar su conducta en términos de rencor y desquite:

—Ha sido una venganza hacia mi familia. Ha sido una venganza contra mi madre. Al no matarla a ella pues, mira, han tenido que pagar estas pobres señoras. Está el amor y el odio hacia la maternidad, y lo respetas… ¿Cómo vas a matar a tu madre, que es la que te ha traído al mundo?

Para valorar en su justa medida estas declaraciones es preciso comprender el carácter profundamente narcisista y ególatra de Ro-

José Antonio Rodríguez Vega. Fotografía © EFE.

dríguez Vega. Desde siempre, la mentira y la hipocresía fueron los velos con los que ocultó a todo el mundo su doble vida. La sonrisa de seductor que disfrazaba al monstruo sin escrúpulos. La máscara de marido y padre que ocultaba al violador enfurecido. En 1978, cuando tenía veintiún años, casado y con un hijo, se descubrió que era el célebre «violador de la moto», un criminal que traía de cabeza a la policía de Santander. Un elevado número de denuncias de violación puso a la policía sobre su pista. Su método casi siempre era el mismo: el violador abordaba a sus víctimas montado en una moto y las invitaba a dar una vuelta, aprovechando sus dotes naturales de seducción, su atractivo y su labia. Las mujeres no desconfiaban de aquel joven educado y simpático hasta que ya era demasiado tarde.

A la detención e identificación de Rodríguez Vega siguió un largo y tormentoso proceso judicial del que finalmente salió condenado a veintisiete años de prisión por un delito de violación y tres intentos frustrados. Sin embargo, de nuevo exhibió su fabuloso poder de persuasión, mostrando al mundo su cara de buena persona, de jovencito arrepentido que había aprendido la lección. Increíblemente, sus súplicas surtieron efecto y el violador logró el perdón de todas las mujeres a las que había agredido, excepto de una: la única a la que no pudo engañar. De haberlo conseguido, se hubiese librado de la cárcel, pero aun así obtuvo una considerable reducción de pena: sólo cumplió ocho años de prisión.

En 1986, Rodríguez Vega consiguió el alta penitenciaria y abandonó la cárcel. Su mujer, S. M., le había abandonado llevándose a su hijo con ella, y José Antonio buscó rápidamente una sustituta que encontró en la figura de una joven disminuida psíquica, con la que contrajo matrimonio. Mientras que en la intimidad Rodríguez Vega la torturaba y la humillaba, a los ojos del mundo ya había logrado crear la farsa de otra pareja modélica, llena de compasión y amor.

Durante algún tiempo Rodríguez Vega logró contener al monstruo que llevaba dentro, pero, en realidad, los largos años de reclusión no habían hecho más que acrecentar su rencor. La furia homicida se desató de forma repentina el 15 de abril de 1987, cuando visitó el domicilio de una prostituta de sesenta años, mantuvo relaciones sexuales con ella y después la asfixió hasta matarla.

Este primer asesinato marcó la pauta de los que siguieron. Fue el punto de no retorno, el momento en que comprendió el inmenso placer que le proporcionaba forzar a una mujer de edad avanzada, indefensa y desvalida, para luego taparle la boca y la nariz mientras ella se debatía hasta el último aliento. No había marcha atrás y aquel asesino novato empezó a buscar la manera de satisfacer sus ansias homicidas de forma que pudiese escapar con total impunidad. La suerte le había acompañado en el primer asesinato, ya que la policía pensó que la mujer a la que encontraron muerta en la cama había fallecido por causas naturales. Pero, desde aquel inesperado golpe de fortuna, Rodríguez Vega no quiso dejar nada en manos del azar.

Se dedicaba a buscar a ancianas solitarias, espiarlas, observarlas, estudiando minuciosamente sus horarios y costumbres hasta que tenía suficientes datos para abordar a una futura víctima. Deambulaba frente a su domicilio, acechando como un cazador en busca de su presa, hasta que se cercioraba de que no corría ningún riesgo. Entonces llegaba el momento de presentarse y ganarse su confianza, cosa que no le costaba mucho dada su buena presencia y su simpatía natural. Se hacía pasar por albañil o por técnico en reparación de televisores, y se ofrecía a acompañar a la mujer para solucionar algún problema doméstico: una pequeña reforma, un electrodoméstico estropeado.

Una vez dentro de la casa, iniciaba un galanteo que desembocaba en caricias y tocamientos, hasta que la víctima lo rechazaba y entonces se desencadenaba el ataque. Tendía a la mujer sobre la cama, la violaba o la manoseaba y luego la asfixiaba tapándole la boca. Rodríguez Vega no tuvo el menor reparo en confesarlo con un extraño orgullo de donjuán:

—Con la mayoría de las ancianas que maté hice el amor con su consentimiento o me incitaron a ello. Tras hacer el amor o algunos manoseos, les tapaba la boca a consecuencia del impulso que sentía y desistía tras un rato. Desconocía si las ancianas quedaban vivas o muertas.

Pero, detrás de ese supuesto arrebato de rabia homicida, latía una mente fría y calculadora que lo había planeado todo de antemano, un asesino cuidadoso que no dejaba huellas. De hecho, la forma de matar, no estrangulando sino sofocando, cortando la respiración al tapar la boca y la nariz, provocaba un edema pulmonar con parada cardiorrespiratoria. Esto desorientó completamente a los forenses, quienes, a veces en contra de la opinión de los familiares de las víctimas, dictaminaban en la mayor parte de los casos muerte por causas naturales. La edad avanzada de algunas de las víctimas (algunas de más de noventa años) y la ausencia de signos de violencia favorecía este diagnóstico.

De este modo, durante varios meses se sucedieron silenciosamente los crímenes por todo Santander, un reguero de ancianas muertas en su cama que parecían víctimas de una extraña epidemia. ¿Cómo era posible que no se hubiese investigado el fallecimiento, teóricamente por causas naturales, de varias mujeres mayores, algunas de ellas encontradas con las bragas bajadas y los genitales sangrando? La desidia policial colaboraba con la astucia del asesino. Hasta que la primera voz de alarma saltó en enero de 1988, cuando Maxi de la Peña, un joven periodista de veinticinco años que trabajaba en *El Diario Montañés*, recibió una llamada de alguien vinculado con el depósito de cadáveres. Así supo que, en el intervalo de unas pocas semanas, habían recibido tres cuerpos de ancianas con el diagnóstico de muerte natural. Sin embargo, las tres presentaban lesiones en la vagina. De la Peña apuntó la posibilidad de que en Santander estuviera actuando un asesino en serie con un serio complejo edípico, pero no recibió más que la burla y el desprecio de las autoridades locales. La verdad, era difícil creer que en la recién estrenada España democrática hubiese suelto un *serial-killer*, un fantasmal asesino de ancianas que parecía sacado de la crónica negra del franquismo o de la fantasía de un guionista de Hollywood.

Sin embargo, a pesar de su pulcritud y sus cuidados exquisitos, Rodríguez Vega ya había cometido varios errores fatales. En agosto de 1987, tras el asesinato de M. G., viuda de ochenta y dos años, la policía encontró la dentadura postiza de la anciana clavada en la garganta. En octubre de 1987 se halló sangre en el cadáver de N. R., de sesenta y seis años. Todos estos indicios, sumados a las sospechas de algunos familiares, pusieron en marcha una investigación que dio como resultado un hallazgo fundamental: la curiosa coincidencia de que recientemente se habían realizado pequeñas obras de albañilería en los domicilios de tres de las ancianas fallecidas tan de repente. En una de las casas, la policía halló además una tarjeta con el nombre y la dirección del albañil. No fue muy difícil atar cabos y, de este modo, el 19 de mayo de 1988, Rodríguez Vega fue arrestado en la calle Cobo de la Torre de Santander, aproximadamente un mes después de su último asesinato, el de J. P. F., de sesenta y seis años de edad, cuyo cuerpo había dejado desnudo en la cama.

Tras su detención, Rodríguez Vega lo confesó todo y en el registro que la policía llevó a cabo en su domicilio se encontró un macabro santuario de trofeos, una colección de fetiches de sus asesinatos. En un cuarto tapizado de rojo, al lado de muñecas desnudas y pósters eróticos, colgaban perfectamente ordenados medallas, rosarios, imágenes de santos, televisores, anillos y porcelanas que habían pertenecido a sus víctimas y que el asesino había robado en sus casas, después de cometer el crimen, para incorporarlos a ese espeluznante y grotesco museo de los horrores.

Con esa batería de pruebas más la propia declaración del inculpado, Rodríguez Vega fue acusado formalmente de la violación y asesinato de dieciséis ancianas. Sin embargo, durante el juicio, celebrado en Santander a finales de noviembre de 1988, se retractó de su confesión y dijo que las dieciséis muertes por las que estaba siendo juzgado se debían a causas naturales; que, en la excitación del momento, él les tapaba la boca un rato y luego se iba, pero que ignoraba si las dejaba vivas o muertas. Al fiscal no le costó mucho demostrar que hasta un niño sabe que, si se priva de oxígeno a una persona durante el lapso de tiempo suficiente, la muerte es inevitable, y que, por lo tanto, los asesinatos de Rodríguez Vega no eran accidentales.

Además, durante el juicio los informes forenses descubrieron una serie de macabros detalles que alumbraban la ferocidad y bestialidad del asesino. No se trataba sólo de la excitación del momento: muchas víctimas presentaban hematomas en el cuerpo y en los brazos al haber intentado ofrecer resistencia a su agresor. Otras tenían los huesos rotos y las costillas hundidas. A algunas les hundió objetos punzantes en la vagina, lo que produjo tremendos desgarros vaginales.

Fue entonces, durante el juicio, cuando Rodríguez Vega sacó a la luz por primera vez en público a su álter ego: un personaje cínico y ególatra, dominado por el afán de protagonismo, que no se escondía ni rehuía las cámaras, y que permanecía impertérrito ante los insultos de los familiares de las víctimas. Por momentos, el proceso se convirtió en un circo donde todos los focos estaban fijos sobre un acusado estelar a quien le encantaba su papel de monstruo entre rejas. Rodríguez Vega se jactó en público de su potencia sexual, asegurando que hacía el amor todos los días, y dijo que también había visitado a las mismas mujeres a las que había violado en su juventud, después de conseguir su perdón. Sólo se trataba de una fantasía más: en realidad, sus relaciones conyugales con su primera esposa eran muy complicadas (cuando su mujer le pedía sexo él se negaba, alegando que se encontraba cansado). En Rodríguez Vega el sexo estaba profundamente unido a la violencia física y a la dominación. Llegó a exponer la teoría de que esas pobres ancianas habían muerto de manera accidental por culpa de su suegra y, sobre todo, de su madre, a la que odiaba desde niño:

—Cuando recordaba a mi madre y a mi suegra me entraba una especie de excitación, de vergüenza inconsciente, de agresividad, pensando en lo que me habían hecho. Sentía temblores y escalofríos, y perdía la cabeza.

La figura materna era el comodín con el que Rodríguez Vega intentaba explicar su conducta homicida. Su madre y su suegra simbolizaban todo aquello que detestaba y, a la vez, le fascinaba en la imagen femenina, una mezcla de atracción y repulsión grabada a fuego en su memoria.

—Todas las víctimas me recordaban a mi madre y a mi suegra, que eran unas sinvergüenzas y un veneno. Me sorprende que aún estén vivas.

La única línea de defensa posible en el caso de Rodríguez Vega era dictaminar si se trataba de una persona con las facultades mentales perturbadas o de un psicópata desalmado. Pero su pasado de violador convicto y confeso, su obstinada reincidencia, su conducta de cazador al acecho, la premeditación de que hizo gala en los ataques y su costumbre de llevarse trofeos de sus víctimas no dejaban mucho margen a las dudas. Incluso su abogado defensor lo definió como una persona fría, antipática y completamente carente de sentido de la culpabilidad.

Los informes psiquiátricos tampoco dejaron lugar a dudas. En ellos se concluía que Rodríguez Vega «conserva inalterado su sentido de la realidad y es capaz de gobernar sus actos, siendo resistente a los tratamientos, lo que ensombrece su pronóstico: su peligrosidad es muy alta». Y más adelante: «Llegamos a la conclusión de que su imputabilidad era plena, porque su inteligencia era absolutamente brillante. Era un psicópata, con esa característica de ese grupo de psicópatas, esa frialdad clásica, sin remordimientos, que no se conmueven, es un personaje verdaderamente hecho para el crimen».

Con este diagnóstico concluyente, en el que quedaba claro que Rodríguez Vega era perfectamente capaz de distinguir el bien del mal, en noviembre de 1991 el acusado fue declarado culpable de los dieciséis asesinatos y condenado a 440 años de prisión. Al hacerse pública la sentencia, el entonces fiscal jefe de Cantabria, L.V., se lamentó públicamente de que el Código Penal español fuera «tan benigno», ya que, cumplidos treinta años, Rodríguez Vera podría salir en libertad y volver a matar. Desde el primer momento, todos los especialistas comprendieron que, dada la tétrica psicopatía del personaje y lo arraigado de sus hábitos violentos, en su caso no cabía posibilidad alguna de reinserción.

En los crímenes del Mataviejas, como fue denominado popularmente Rodríguez Vega, hubo también un importante factor de resonancia mediática que el acusado intentó aprovechar a su favor. No sólo fue el hecho de que un periodista avispado hubiese dado la voz de alarma. La prensa, la radio y la televisión estaban fascinadas con el personaje. El caso rezumaba el morbo, el repugnante atractivo que llena titulares y primeras páginas. Por primera vez en plena democracia había aparecido en un rincón de España un asesino en serie con un impresionante historial de muertes, un criminal sin remordimientos, inteligente y carismático, al que le encantaba plantarse ante las cámaras para conceder entrevistas y hacer declaraciones. El propio asesino se pavoneó del interés que despertaba ante las cámaras y se dedicó a conceder entrevistas y declaraciones como si fuera una estrella de cine. De hecho, durante su estancia en las diversas cárceles por donde anduvo preso, fantaseó con la idea de escribir su historia y venderla para que luego filmaran una película.

—Yo digo «hola» en un medio de comunicación y me pagan cien mil pesetas —llegó a declarar en una ocasión.

A la larga, esa egolatría, ese exhibicionismo resultarían fatales para él. De presidio en presidio, Rodríguez Vega pasó buena parte de su tiempo estudiando Derecho, en la confianza de que algún día podría demostrar su inocencia. Pero su tono era casi siempre altanero y displicente, como en el caso de esta carta que envió a un periódico: «No soy una persona de callar, de bajar la cabeza ni de esconderme, y mi caso no va a quedar así parado, porque responsables de justicia van a tener que responder ante unas muertes naturales».

Su enfermizo afán de notoriedad no lo hizo precisamente popular entre la población carcelaria, un lugar donde tampoco suele haber mucha simpatía por los violadores. Uno de los pocos reclusos con los que congenió fue Manuel Delgado Villegas, más conocido como el Arropiero, tal vez el más célebre y prolífico asesino en serie del franquismo. Los funcionarios de prisiones observaban entre divertidos y asombrados cómo aquel par de criminales psicópatas caminaban juntos por el psiquiátrico de Carabanchel mientras charlaban alegremente acerca del modo en que cada uno de ellos había acabado con la vida de sus víctimas.

Cuando llegó al penal de Dueñas, en Palencia, Rodríguez Vega ya había pasado por otros once centros penitenciarios. El Mataviejas era un personaje odiado en las cárceles por donde pasaba no sólo por su historial de violador, sino también por su carácter narcisista y por su costumbre, repudiada entre los reclusos, de intimar con los funcionarios de prisiones. En Dueñas había conocido a E. V. G. y D. R. O., dos presos comunes extremadamente violentos, con los que coincidió en la cárcel de Topas, Salamanca. Nada, ningún incidente, durante los dos años en que había convivido juntos en Dueñas, hacía sospechar la violencia del ataque que iba a acabar con la vida de Rodríguez Vega.

Unos días después de su llegada a la cárcel de Topas, el 24 de octubre de 2002, hacia las once de la mañana E. V. G. y D. R. O. se acercaron a hablarle en el patio sobre Dinio y Marujita Díaz, dos personajes de la farándula muy famosos por aquellos días. Otro preso, F. M., se acercó por detrás a Rodríguez Vega y le asestó una

La última voluntad del 'mataviejas'

José A. Rodríguez, asesino en serie de 16 ancianas, murió el 24 de octubre tras recibir 113 puñaladas en prisión. Horas antes escribió una carta pidiendo perdón

PEDRO SIMON

MADRID.— Es una carta a mano, en tinta roja, ocupa sólo 28 líneas y va acompañada de una declaración a máquina implorando perdón por todos los crímenes que cometió. Como indica la fecha, la misiva fue escrita por el recluso el pasado 24 de octubre, justo nada más levantarse de la celda. La terminó, la llevó al correo y salió al patio a pasear, como lo hace quien se acaba de quitar un peso de encima. Fue entonces cuando sucedió. Esa misma mañana, al firmante le dieron 113 puñaladas.

Al preso le llamaban el *mataviejas*. Nosotros preferimos hablar de un hombre: José Antonio Rodríguez Vega. Su última voluntad, leemos en esta especie de *testamento moral*, era que le contáramos a las familias de las víctimas que, a fin de cuentas, él era una persona. Y que se lo contáramos a ustedes también.

«Siento profundamente arrepentimiento por los hechos sucedidos»

«Desearía que se haga llegar este comunicado a todas las familias de las víctimas en mi nombre», señala José Antonio en su declaración mecanografiada remitida a la Audiencia Provincial de Santander, ciudad donde vivía. «Que el día de mi puesta en libertad, y dado el arrepentimiento que siento profundamente por los hechos sucedidos, en lo mejor posible indemnizaré a todas las familias de las víctimas una vez puesto en libertad».

«Aunque por mucho que yo quiera indemizar, y aunque con la privación de libertad que estoy sufriendo por los hechos sucedidos no se recupere a sus seres más queridos, considero que, como ser humano y responsable, es mi obligación para que, de alguna manera, se pueda reparar el daño causado».

Cierto es que José Antonio mató cruelmente a 16 ancianas de entre 61 y 93 años. Cierto es que los crímenes evidencian una personalidad fría y sin lugar a atenuantes. Pero la condición humana del protagonista de esta historia bien vale una redención, la del que sabe que se equivocó, la del hombre nuevo.

El dijo en alguna ocasión que mataba y agredía sexualmente a sus víctimas por «venganza» y por el «sofoco» de pensar en los malos tiempos, que su madre era una «sinvergüenza»; y que su suegra, «una veneno».

Venía del centro penitenciario El Acebuche (Almería) y acababa de llegar a la prisión de Topas (Salamanca). Dos presos, con dos pinchos artesanales, le asestaron 113 puñaladas. Uno de ellos tuvo tiempo para afilar la punta contra el suelo mientras el otro seguía acuchillando a José Antonio. Le estaban esperando. Al *Mataviejas* le estaban esperando.

Horas antes de aquello, mandó una carta en la que se leían cosas como esta: «Una vez puesto en libertad y por respeto a todas las familias de las víctimas y del pueblo de Cantabria [donde tuvieron lugar los crímenes], pongo de manifiesto que, por iniciativa propia y para poder rehacer de nuevo mi vida sin volver a cometer ningún tipo de delito nunca más en mi vida por el profundo arrepentimiento que acabo de exponer arriba en la presente, mi decisión es la de no volver nunca más a la ciudad de Santander a residir. (...) Suplico que este escrito se haga público ante los medios de comunicación».

Llevaba Rodríguez Vega encarcelado desde mayo de 1988. Condenado a 440 primaveras de reclusión, la Justicia había dictado para él 21 *reinsertadores* años de prisión, uno tras otro. Le faltaban seis más entre rejas cuando lo mataron como a un perro.

En la carta redactada a mano el día de su muerte, se dirigió a su interlocutor con aire optimista.

Le hablaba de su caso: «Te comunico que me ha escrito el Grupo Psicosocial de Psicología de la Universidad Complutense de Madrid, formulándome unas 100 preguntas de todo tipo, de la cárcel, mi caso, el trato, etc., pero no les he contestado aún porque hay preguntas que me perjudica contestarlas».

O de su gente: «Al menos estoy cerca de Santander, otra vez, que es lo suyo, cerca de la familia».

O del futuro: «El próximo año espero conocerte en libertad en Madrid».

Dos o tres horas después, José Antonio era historia.

¿Quién mató a José Antonio, asesino reincidente de ancianas, agresor sexual de abuelas, culpable sin paliativos?

Nos contaba el receptor de la carta, profesor universitario, que al *mataviejas* lo matamos un poco todos. Los medios de comunicación habían calentado el ambiente. La gente andaba encendida. En el día en que llamaron a declarar a los ejecutores, uno de los reclusos que asesinó a José Antonio mostró públicamente un júbilo formidable por lo sucedido. Fue bajado del furgón policial. Andaba crecido, emborrachado de éxito. Antes de entrar a los juzgados sonrió. Y gritó: «¡He matado al *Mataviejas*!». El público aplaudió a rabiar como si Zidane hubiese marcado un gol. El recluso lo celebró como quien marca un gol. Por fin, la sociedad le quería.

José Antonio Rodríguez Vega, en una imagen de 1991. / ESTEBAN COBO / EFE

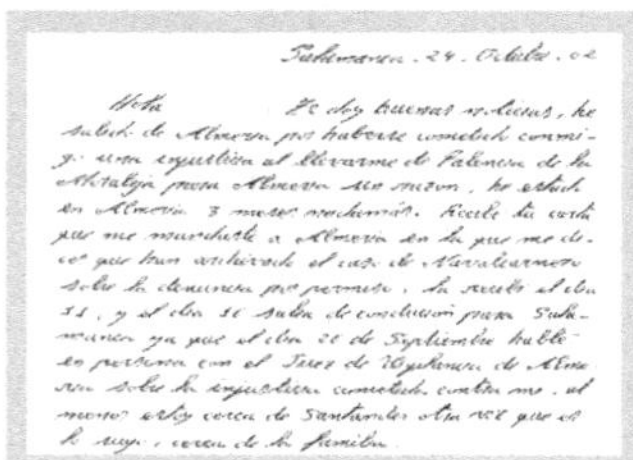

Extracto de la última carta del recluso asesinado.

De albañil a bibliotecario

Tenía las paredes de la casa tapizadas de tercipelo rojo. Era un tipo educadísimo. Iba por la calle, se acercaba a las víctimas y se convertía en un camaleón. Albañil, pintor, agente de seguros, técnico de televisión... Lo que hiciera falta.

A las 16 ancianas las encontraron a casi todas cuidadosamente arropadas, metidas en sus camas, en un postrero malabarismo de macabra ternura. Murieron asfixiadas, violadas en muchos casos... José Antonio coleccionaba objetos de sus víctimas.

Pasado el tiempo de cuando cometió esos crímenes, José Antonio decía que era otra persona. El recluso había llegado lleno de vida apenas hacía unos días a la prisión salmantina de Topas, donde finalmente encontró la muerte. Antes, en la almeriense de El Acebuche, estuvo a punto de ser asesinado. Sobrevivió.

En prisión estudió Derecho, escribió una autobiografía y, según sus compañeros, era el autor de los «mejores trabajos» estudiantiles de los presos. Entre rejas, fue el bibliotecario de la prisión.

Su última voluntad, dice en la carta, es que se supiera que estaba arrepentido.

Cortesía de *El Mundo* (25 de febrero de 2003).

pedrada en la cabeza. Mientras caía el suelo, los dos hombres se abalanzaron sobre él y le asestaron más de un centenar de puñaladas con dos pinchos de fabricación casera. Un funcionario de prisiones salió para mediar en la pelea, pero iba desarmado y uno de los asesinos se encaró con él gritando: «¿Qué quieres? ¿Defender a un violador? Aléjate, que te meto». E.V. G. hasta se detuvo un momento a afilar el arma contra el suelo antes de seguir apuñalando el cadáver en el pecho.

Todavía no están muy claras las razones de ese asesinato brutal. Los dos presos, que se entregaron voluntariamente después de cometer el delito, adujeron que habían hecho «un favor a la sociedad» al terminar con la vida del Mataviejas y que con su muerte vengaban los crímenes de todas aquellas pobres ancianas. Uno de ellos, al salir del furgón policial a la entrada de los juzgados de Salamanca, llegó a gritar, exultante: «¡He matado al Mataviejas!». La multitud estalló en vítores y aplausos.

Es cierto que Rodríguez Vega era un violador, un tipo de criminal verdaderamente despreciado entre la población reclusa, pero esa simple etiqueta no parece explicar tanta saña. El abogado que asistió a los dos asesinos en su declaración ante los juzgados de Salamanca afirmó que había mediado una provocación de la víctima, que no paraba de jactarse de que a su salida de la cárcel iba a ganar un montón de dinero con la publicación de sus memorias. Como apuntó el propio director de la prisión de Topas, lo cierto es que la simple y dura ley de la cárcel no acierta a justificar aquel asesinato brutal: «En el código de los presos no se incluye matar a una persona porque sea un violador. Y menos por algo que ocurrió hace unos quince años. Como mucho le hubiesen amenazado, le habrían hecho la vida difícil, como a los más de cincuenta que tenemos aquí repartidos por otros módulos; hasta puede que le hubieran dado un pequeño pinchazo. El plan lo tenían muy meditado, no es la típica escena de cuando llega un violador, que se ponen en contra de él desde el principio».

Lo cierto es que Rodríguez Vega ya había sufrido otras agresiones en prisión y que en una cárcel de Almería se había producido incluso un intento de asesinato. Al parecer, investigaciones ulteriores apuntaron la teoría de que probablemente Rodríguez Vega era un chivato, un soplón que había arruinado más de un intento de fuga a cambio de mejoras en su situación penal. Un preso, antiguo compañero de cárcel del Mataviejas, confesó: «Hará unos quince años entré en Ocaña para cumplir una condena de ocho años. Y por culpa del chivato ese me comí diez. Se chivó de que yo preparaba una fuga. Yo creo que la obligación de todo preso es fugarse, mientras no le hagas daño a nadie. Pero por su culpa me metieron varias veces en celdas de castigo. Era muy perro y muy malo. Por eso lo teníamos siempre aislado. Sus únicos amigos eran los funcionarios. Tenía todo tipo de privilegios. Su cervecita, su equipo de música, sus horas de taller... No podíamos meterle mano porque siempre estaba rodeado de funcionarios, pero le teníamos mucha hambre».

Más de un funcionario pensó que la muerte de Rodríguez Vega podía haberse evitado, que debieron haberse tomado medidas para aislarlo. Según ellos, encerrado en aquel módulo y aquella galería, no tenía la menor oportunidad. Sin embargo, ésa era la zona donde le adscribía su larga trayectoria delictiva, junto a los delincuentes más peligrosos y con las condenas más graves.

En cualquier caso, nadie pareció lamentar demasiado la muerte de Rodríguez Vega. Le dieron sepultura en un nicho común un día después de su asesinato. A su sepelio sólo asistieron dos enterradores.

2

El perfil

José Antonio Rodríguez Vega no era un psicópata a secas (cabe recordar que casi en un 90 por ciento de casos los psicópatas no delinquen nunca, todos conocemos a alguno, sus formas de presentación son múltiples: padres caciques, jefes tiranos, amigos manipuladores,parejas extorsionadoras, voraces hombres de negocios, hijos maltratadores, etc.). José Antonio era un psicópata criminal, y por tanto no era un enfermo mental; ni el manual internacional de enfermedades mentales (actualmente el DSM IV-TR), ni los criterios jurisprudenciales, consideran la psicopatía como una patología psíquica, dado que la voluntad y el entendimiento de quien la padece están intactas, el sujeto quiere actuar y entiende la diferencia entre el bien y el mal. Se plantea entonces qué hacer y cómo tratar a los psicópatas criminales, sujetos carente de emocionabilidad, que en ocasiones tienen una fuerte propensión antisocial, inintimidables ante el castigo e impermeables a las terapias convencionales, siendo la realidad que a día de hoy la comunidad científica sigue sin encontrar las respuestas certeras a dichos planteamientos.

En determinados sectores, se entiende que estos individuos no son absolutamente libres, ya que se lo impide la atrofia emocional que los caracteriza; por otra parte, su falta de empatía hace que no asuman las normas jurídicas y sociales como propias. Se considera así que a los trastornos de la personalidad especialmente llamativos debe reconocérseles el valor de patología en sentido legal, aceptándose por algunos sectores jurídicos la merma correspondiente de imputabilidad en la cuantía que le corresponda a cada caso. Por otra parte, el Tribunal Supremo ha venido repitiendo que las psicopatías no constituyen enfermedades mentales propias o genéricas, sino trastornos de personalidad que dejan intacto el raciocinio y la libertad de decisión, circunstancia que a todas luces es evidente en el caso de José Antonio Rodríguez Vega, cuyas capacidades volitiva e intelectiva se encontraban intactas durante las múltiples violaciones y los dieciséis asesinatos que llegaría a cometer.

De ánimo frío, calculador, ególatra y con un gran poder de persuasión, José Antonio Rodríguez Vega era, por encima de todo, un psicópata anético que no sentía ninguna pena, dolor, culpa o responsabilidad por sus actos. De hecho, la actuación de Rodríguez Vega y el despliegue de su «pensamiento mágico» en el juicio y en las entrevistas con los diferentes psiquiatras y psicólogos resultan verdaderamente escalofriantes. A su modo de ver, las ancianas a las que violó y asesinó simple y llanamente debían pagar por la desidia con la que él fue tratado por su madre.

Alguien que, al igual que Rodríguez Vega, padece el «síndrome de la mala madre», ya sea porque ha recibido abusos físicos o psíquicos, ya sea por exceso de cuidado y protección, no puede alcanzar la madurez adulta ni establecer relaciones afectivas satisfactorias. El sujeto desarrolla así comportamientos de defensa y ataque como respuesta a un mundo exterior que percibe como una amenaza constante. La casuística nos enseña que existen madres agresivas, posesivas, chantajistas, hipersensibles, etc.; en este caso, aunque desconocemos la personalidad de la madre de Rodríguez Vega —mas allá de lo que él declaró en las investigaciones y en el posterior juicio—, sí resulta evidente que sentía una profunda aversión-atracción hacia ella.

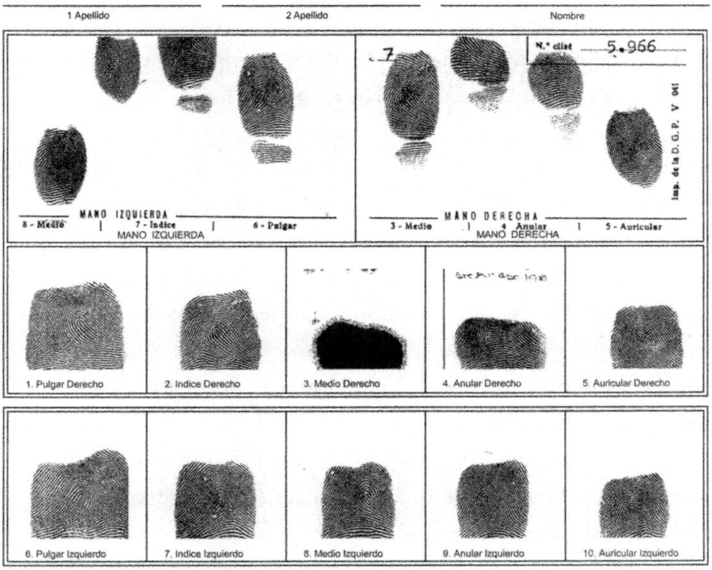

Huellas dactilares de José Antonio Rodríguez Vega.

Por otra parte, la gerontofilia es una parafilia consistente en la atracción hacia personas de avanzada edad. Es habitual que los niños vean a su madre como su primer objeto de deseo (complejo de Edipo), ya que representa el calor, el cuidado, la comida, pero esta visión idílica se va superando a lo largo de la adolescencia. Cuando no sucede así, el sujeto se encuentra en una situación imposible: por un lado se siente atraído sexualmente hacia la madre y, por otro, rechaza dicho sentimiento por entenderlo aberrante. Poco a poco, el deseo incestuoso se instala en él de forma obsesiva y busca liberarlo a través del mantenimiento de relaciones sexuales con mujeres de edad avanzada que le recuerdan a la madre deseada, permitiendo con ello superar el tabú del incesto. Así, Rodríguez Vega reconstruía con sus agresiones una fantasía edípica, un encuentro sexual simbólico con la madre que finalizaba con un acto liberador de sus anormales pulsiones: la asfixia de la víctima.

Los depredadores suelen pasar por complejos y recurrentes ciclos emocionales que se inician con la conocida como «fase de aura». Se trata de una fase en la que dichos sujetos fantasean con el hecho criminal mucho tiempo antes de llegar a efectuarlo. De hecho, tanto la conducta del depredador como el simbolismo del crimen son fieles a esas ideaciones previas o fantasías homicidas de poder, sangre, dominación y supremacía. El crimen termina siendo una teatralización de las elucubraciones previas del asesino, un escenario perfecto donde la víctima no es sino un actor que tiene que interpretar por fuerza el papel que le han adjudicado. Todo debe cumplirse como está escrito en la mente del homicida y de ahí que, como la fantasía nunca se ajusta por completo con las expectativas creadas, el agresor vuelva a actuar de nuevo tras un período de calma indeterminado.

Se advierten, además, ciertos elementos sádicos en las violaciones de Rodríguez Vega. En ningún caso realizó una cópula natural —probablemente por incapacidad eréctil—, sino que buscaba cópulas simbólicas a través de la introducción de distintos objetos en los genitales de las víctimas, con el consiguiente deseo de humillarlas y de causarles el mayor dolor posible. Posteriormente, siguiendo un *modus operandi* invariable, al sentir algún grado de culpa por el asesinato o por el incesto simbólico consumado, dejaba a las víctimas en la cama, tapadas y en una posición que pareciera de muerte natural y no violenta, ocultando también de esta manera las lesiones más evidentes. Por último, solía llevarse pequeños e insignificantes objetos —«fase ritual» del asesino en serie—, elementos que consideraba trofeos y que le permitían después recordar y revivir los delitos, perpetuando el placer de haberlos ejecutado.

Ateniéndonos a la tipología de criminales en serie realizada por Rossmo (1995), Rodríguez Vega sería un depredador mixto en cuanto a su forma de acceso a la víctima; un «acechador» que tiene un patrón victimal muy claro y que merodea con anterioridad a los ataques para conocer la dinámica diaria de sus potenciales objetivos; y un «trampero», creando diferentes señuelos y trampas que, en su caso, eran los trabajos que se ofrecía a realizar en casa de las ancianas. Definido como un asesino en serie organizado que manipulaba a sus víctimas y ocultaba las pruebas de sus crímenes, un asesino de actuación local puesto que su zona de venteo (coto de caza) y asesinato se circunscribía a la localidad de Santander y necrófilo en tanto que muchas de las acciones las pudo ejecutar una vez fallecidas las víctimas, quizá las dos particularidades más sorprendentes de su conducta sean su altísima pulsión homicida —mató a las dieciséis mujeres en tan sólo un año—, con unos períodos de calma que en ocasiones no superaban los quince días y, sobre todo, su imparable escalada criminal. Éste es el proceso comportamental en el que el individuo va cometiendo delitos cada vez más graves en busca de una gratificación libidinosa, cuyas exigencias van aumentando con cada nueva acción criminal, no llegando nunca a una satisfacción plena; de ahí la reiteración delictiva. La escala criminal comienza por el voyeurismo o el exhibicionismo, pasando por el robo fetichista de ropa interior, los abusos sexuales y las agresiones hasta llegar a la violación e incluso el asesinato, el canibalismo y la necrofilia: Rodríguez Vega comenzó siendo un violador de mujeres jóvenes y terminó convirtiéndose en un asesino en serie sádico, gerontolífico y necrófilo.

A medida que acumulaba delitos, su carácter vanidoso y ególatra provocó que se fuera volviendo cada vez más despreocupado. Se sentía impune, como prueba el que no se percatara de las huellas homicidas que fue dejando —entre ellas evidentes signos de violencia en los cadáveres o restos de sangre— o que se dejara una tarjeta con sus datos en uno de los escenarios del crimen. Esto, sumado a su condición de depredador local en una zona no especialmente grande como es Santander, permitió que se estrechara el cerco y se pudiera al fin detener a uno de los mayores y más cruentos asesinos de la crónica negra española.

Casuística comparada

Thierry Paulin. Denominado por la prensa francesa «el travesti gerontofílico» y «el monstruo de Montmartre», este asesino en serie nació el 28 de noviembre de 1963 en la isla Martinica. Tras una infancia complicada que transcurrió entre dos familias que le ignoraron por completo y abocado a su mundo de fantasía, a los dieciocho años Paulin ingresó en el ejército. Al poco, dado su aislamiento social y su incapacidad para aceptar órdenes, cometió su primer delito: un robo con violencia. Los primeros asesinatos no tardarían en llegar. Tras vagabundear por París frecuentando ambientes homosexuales e interviniendo en algún espectáculo como travesti, Paulin encontró una pareja, Jean Mathurin, que sería quien le acompañara en los sucesivos asaltos. Si bien al principio Paulin asaltaba las casas por cuestiones económicas, pronto empezó a encontrar satisfacción al matar a ancianas que le recordaran a la abuela que, en su niñez, le había negado toda protección y afecto. Asfixiadas al principio con fundas de almohadas o con bolsas de plástico, su *modus operandi* se fue volviendo más inhumano, llegando a golpear salvajemente a sus víctimas hasta que morían por diversas fracturas craneales y/o faciales. En una ocasión, incluso obligó a una anciana a beber sosa cáustica, causándole una muerte lenta y dolorosa. Una vez detenido, gracias al retrato que elaboró una de sus primeras víctimas cuando el homicida se conformaba aún simplemente con robar, se mostró altivo e irónico con los detectives. Reconoció más de veinte asesinatos. Enfermo de sida, murió en la cárcel el 16 de abril de 1989. Tenía veintiséis años.

3

La sentencia

Audiencia Provincial de Santander

En Santander, a veintiocho de noviembre de 1991

ANTECEDENTES DE HECHO

Probado, y así se declara, que el procesado, JOSÉ ANTONIO RODRÍGUEZ VEGA, mayor de edad, condenado por delito de violación y con una personalidad psicopática desalmada y una perversión sexual múltiple que le origina anomalías sexuales, a partir del día 20/02/1986, fecha en que se le concedió la libertad condicional, captando la simpatía de mujeres que vivían solas, realizó los siguientes hechos:

A) En fecha no determinada, se encontraba el procesado en el domicilio de V. R. M., de sesenta y un años, con la que anteriormente había mantenido relaciones sexuales por dedicarse ésta al ejercicio de la prostitución y, cuando los dos se encontraban en la cama, de forma imprevista le tapó la boca y la nariz con la mano y, a consecuencia de privarle de la respiración, de su edad y de lo imprevisto del ataque, le ocasionó la muerte por parada cardíaca. A continuación, después de taparla con las sábanas, registró la habitación de enfrente, llevándose unos pendientes, un reloj de pulsera, un llavero con la imagen de Santa Gema, dos vestidos, dos faldas, una bata, una chaqueta y un jersey, y 22.000 pesetas que no han sido devueltas.

B) En hora no determinada del día 11/7/87, una señora a la que no conocía, llamada S. S. M., de ochenta y tres años, le pidió que le ayudara a subir las bolsas de la compra a su piso y, en el transcurso de la conversación que se originó, el procesado sintió deseo de satisfacer sus instintos sexuales, sin que conste realizara actos tendentes a aquel fin. Consta que le tapó la boca y la nariz con fuerza, lo que, debido a su edad avanzada, a lo inesperado del ataque y a la falta de respiración, le produjo la muerte por parada cardíaca. Entendiendo el procesado que la señora había muerto, la trasladó de inmediato a un dormitorio, la tumbó en la cama tapándola con una manta y, antes de abandonar la casa, cogió y se llevó un adorno de San Pancracio, otro adorno con la imagen de la Virgen y el Niño, un calzador y dos muñecos, efectos que fueron recuperados en el domicilio de José Antonio Rodríguez Vega, así como 30.000 pesetas que no han sido devueltas.

C) En la tarde del 5/8/87, con el pretexto de estar buscando pensión para residir, llamó a la puerta de la vivienda de M. G. S., de ochenta y dos años, que lo hizo pasar a la cocina. En un momento determinado, con ánimo de satisfacer su instinto sexual y para vencer su resistencia y evitar que chillara, le tapó la boca y la nariz con fuerza, la arrojó al suelo ocasionándole erosiones y hematomas y, vencida su resistencia, le quitó las bragas y le tocó sus partes íntimas. A consecuencia de la fuerza con la que le tapó la boca y la nariz, se desplazó la prótesis dentaria, que obstruyó las vías respiratorias, lo que determinó su fallecimiento por asfixia. Una vez entendió que estaba muerta, la metió en la cama bien tapada y cogió una televisión, un reloj de caballero y un anillo, efectos que fueron recuperados en el domicilio del procesado. Asimismo, se llevó 30.000 pesetas.

D), E), F), G), H), I), J), K), L), LL), M), N), Ñ), O).

Fundamentos de derecho

Hechos atentatorios a la vida

Salvo en el hecho K), que después examinaremos por separado, del resto se ha practicado prueba bastante para inferir que el inculpado es el autor de la muerte de todas las señoras mencionadas en el relato fáctico. La presencia de aquel en el lugar viene acreditada por su propio reconocimiento, así como por la existencia, en su propio domicilio, de objetos y enseres pertenecientes a las víctimas, que sustrajo tras la muerte de aquellas y antes de abandonar la vivienda. La acción óbito viene acreditada por el relato del procesado en conjunción con el informe de los médicos forenses comparecidos en juicio. El nexo causal, acción-resultado muerte, se infiere del informe médico-forense.

Deteniéndose en el hecho K), pese a la sorpresa que produce la actitud del inculpado que, a la vez que ha admitido su participación en quince hechos, viene negando ser el autor de éste a lo largo de todos los interrogatorios y en el propio acto del juicio, la Sala estima que se ha practicado suficiente prueba de cargo, siquiera sea acudiendo a la prueba indiciaria.

Frente a la pretensión de la defensa, concurre la circunstancia de alevosía como factor integrante del asesinato (artículo 406.1 del Código Penal), con que definitivamente calificamos los hechos atentatorios a la vida. A juicio de esta Sala, concurren todos los elementos que el meritado precepto exige para su apreciación.

Actos atentatorios a la libertad sexual

En este bloque de hechos la defensa admite también la autoría material. Empero, la Sala estima que la conformidad de la defensa con la acusación no le vincula cuando, como sucede en algunos sucesos, el inculpado ha negado que llegara a realizar actos atentatorios a la libertad sexual y no aparezca prueba alguna que avale la acusación. Por otra parte, es menester recordar de nuevo la presunción de inocencia que sólo queda enervada por la certeza de culpabilidad inferida de prueba de cargo obtenida con todas las garantías. Desde este punto de vista vamos a distinguir dos subgrupos: aquellos en los que no hay prueba y el resto en que sí existe.

No hay prueba bastante. Sin perjuicio del hecho A), en que procede la absolución al no existir acusación, en el hecho B) el procesado niega haber realizado acto sexual alguno, la autopsia y los médicos forenses no advierten signo de violencia, como tampoco los testigos aportaron algún dato que, por vía indirecta, permitiera articular aquella inferencia. Por las mismas razones procede absolver al Sr. Rodríguez Vega de los hechos de agresión sexual de los que era acusado en los apartados E), H), I), LL) y M).

Existe prueba en los siguientes casos: C), D), F), G), J), K), L), N) y Ñ).

Hechos atentatorios a la propiedad

El desarrollo de este tema aconseja dividir los hechos en tres grupos.

(A) Delitos de hurto.
(B) Faltas de hurto prescritas.
(C) Faltas de hurto.

Personalidad de José Antonio Rodríguez Vega

A nuestro parecer, coincidiendo con el parecer unánime de las partes, psiquiátricamente el Sr. Rodríguez Vega es un psicópata, realizando comportamientos que no comparte la generalidad del grupo social. Además, es un psicópata severo, importante. Sobresalen específicamente los siguientes rasgos:

A. Anético desalmado y frío.
B. Inmadurez.
C. Afán de notoriedad y protagonismo insolente.
D. Peligroso.
E. Perversión sexual múltiple.
F. Elemento neurótico en la elaboración de su sexualidad.

Lectura penal de su personalidad

Entiende la Sala que el Sr. Rodríguez Vega es plenamente responsable, pues la alteración de su afectividad no ha impedido mantener incólumes su inteligencia y voluntad y, por lo tanto, su facultad de autodeterminación le hace culpable sin posibilidad de apreciar circunstancia de atenuación alguna, conclusión a la que hemos llegado ante la unánime postura de los seis doctores comparecidos en juicio.

FALLAMOS

A) Que debemos condenar y condenamos a JOSÉ ANTONIO RODRÍGUEZ VEGA:

1. Como autor criminalmente responsable de dieciséis delitos de asesinato, a la pena, por cada uno, de veintiséis años, ocho meses y un día de reclusión mayor, e inhabilitación absoluta durante el tiempo de la condena.

2. Como autor criminalmente responsable de cinco delitos de abusos deshonestos, concurriendo la circunstancia agravante de desprecio de edad y morada, a la pena, por cada uno, de dos años, cuatro meses y un día de prisión menor y suspensión de todo cargo público y derecho de sufragio durante el tiempo de condena.

3. Como autor criminalmente responsable de otros cuatro delitos de abusos deshonestos, concurriendo la misma circunstancia, a la pena, por cada uno, de cinco meses de arresto mayor e idénticas accesorias.

4. Como autor criminalmente responsable de seis delitos de hurto, a la pena, por cada uno, de un mes y un día de arresto mayor y accesorias de suspensión de todo cargo público y derecho de sufragio durante el tiempo de la condena.

5. Como autor criminalmente responsable de dos faltas de hurto, a la pena, por cada uno, de ocho días de arresto mayor.

B) Que debemos absolver y absolvemos a JOSÉ ANTONIO RODRÍGUEZ VEGA:

1. De los hechos que en los apartados B), E), H), I), LL) y M) relativos a los abusos deshonestos venía siendo acusado.

2. De las faltas de hurto de que venía siendo acusado, por

causa de prescripción, salvo las relatadas en los apartados N) y LL), de las que se le condena.

C) Debemos asimismo imponer e imponemos al condenado la totalidad de las costas causadas, incluidas las de las acusaciones particulares.

D) Debemos aplicar, en cuanto pudiera exceder, la limitación temporal de cumplimiento de condena por un máximo de treinta años.

E) Cumple, asimismo, abonar al condenado como cumplimiento de condena, el tiempo de prisión preventiva sufrido por razón de este proceso.

F) El condenado deberá indemnizar, como responsable civil, las siguientes cantidades: 8.000.000 de pesetas (48.000 euros) a los perjudicados, que en este caso son los herederos legales de las víctimas.

Así, por sentencia, lo pronunciamos, mandamos y firmamos.

Álvaro Iglesias Gómez
Nanysex

1

Los acontecimientos

Hay pocas cosas que puedan amedrentar a un policía experimentado, pero la maldad humana no conoce límites. Cuando los agentes descubrieron el material pornográfico que circulaba por la red a través de los canales clandestinos de pedófilos y pederastas, retrocedieron asqueados. Creían que ya lo habían visto todo, pero aun así no estaban preparados para contemplar imágenes de adultos practicando felaciones y sodomizando a niños de dos años e incluso abusando de bebés. La investigación se convirtió en una pesadilla de la que no había más que una manera de despertar: atrapando a los culpables.

L., uno de los agentes de la Brigada de Investigación Tecnológica de la Policía, confesó:

—Cualquier investigación que llega a esta brigada, y especialmente al grupo de pornografía infantil del que soy jefe, es, por su propia naturaleza, horripilante, pero lo de Nanysex, Todd y Aza, que eran los nicks con los que el trío se movía en la red distribuyendo sus vídeos, iba más lejos aún. Ver que en ellos aparecían bebés, ya de entrada te producía inquietud. Todo lo que venía después no tiene nombre. Hasta la imagen supuestamente más banal, como un hombre con un niño en brazos, provocaba que de pronto te viniera a la mente un torbellino con las peores escenas posibles. Hasta entonces jamás se me había pasado por la cabeza que sobre una criatura de meses, por ejemplo, se cometieran esos abusos... Sí, emocionalmente esta investigación me ha tocado. A todos nosotros.

La operación Kova, que reveló los terribles secretos de la peor red de pornografía infantil jamás descubierta en España, duró más de cuatro meses y requirió ocho efectivos policiales de la Brigada de Investigación Tecnológica trabajando a tiempo completo, en ocasiones, en jornadas de doce o catorce horas. En febrero de 2005 cuatro impresionantes fotografías sacadas de internet fueron remitidas desde Canadá por la Interpol ante la sospecha de que podían haber sido tomadas en España. En la primera se veía el interior de una casa; en otra, la cara de un niño de apenas un año; en otra, la mano de un niño sosteniendo un tíquet; la última, un bebé y dos penes de adultos. El tíquet era un billete de Renfe, de la red de cercanías de la capital madrileña, con referencia al área B3 de transportes y el importe de 2,15 euros.

Los investigadores españoles ya contaban con algunas otras pistas, especialmente con unas conversaciones grabadas entre un grupo de pedófilos en las que una persona aseguraba que alguien estaba produciendo vídeos con violaciones de bebés. La operación se saldó con dieciocho detenidos en la zona de Murcia y descubrió uno de los primeros rastros de Nanysex en un mensaje oculto de internet: «Nanysex little babys and toddlers sex action. Author: nanysex, Aug/2/2003 02:44:53. Mensaje: I have private movies only 0 a 5 you interest??? contact for my for trade...».

El conocimiento del inglés que se desprendía de ese anuncio internáutico no era demasiado brillante, pero su autor no presumía precisamente de su don de lenguas. Quien firmaba orgullosamente como «Nanysex» era ya una auténtica leyenda entre los pederastas de la red, un criminal depravado que se jactaba de conseguir las escenas de abusos más espeluznantes con bebés de uno o dos años de edad.

Álvaro Iglesias Gómez.

Gracias a que la ley canadiense permite a la policía infiltrarse en las redes secretas de los delincuentes para intercambiar archivos, un agente logró dar con algunas de las macabras imágenes, pero se desconocía por completo su procedencia. Por suerte, en uno de los vídeos donde podía contemplarse la agresión sexual a un bebé, aparecía el billete de tren de cercanías que circunscribía el origen de la grabación a España. La policía fue estrechando el cerco gracias a la colaboración de la Interpol:

—Solicitamos más imágenes a Interpol y nos enviaron treinta fotografías —explicó uno de los agentes encargados de la investigación—. En una de ellas aparecía una toalla con el anagrama del Hospital de la Paz y en otra, un teclado con la letra ñ. Todas las fotos aparecían firmadas por «Kova-Todd». Salvo una, en la que aparecía «nany private» que quizá podía tener relación con el famoso Nanysex.

El billete de tren y el teclado con la ñ acotaban la búsqueda en territorio español. El hallazgo de la toalla centraba la investigación nuevamente hacia la zona norte de Madrid. Sin embargo, el último rastro dejado en internet por Nanysex se dirigía a un pequeño pueblo de la costa murciana, concretamente a un pequeño local de informática que la policía decidió someter a estrecha vigilancia. No tardaron mucho en descubrir que uno de los trabajadores, Álvaro Iglesias Gómez, había vivido con anterioridad en la sierra norte de Madrid, concretamente en Collado Villalba, y eso coincidía con el billete del tren de cercanías que aparecía en la mano del niño del vídeo.

Los investigadores tuvieron que tragarse más de cinco mil imágenes de sexo con menores hasta que al final pudieron establecer la cadena de pruebas y proceder a la detención de Álvaro Iglesias en Murcia, el 19 de mayo de 2005. Como en un juego de dominó, apenas una semana después cayeron otros dos sospechosos: Eduardo Sánchez Moragues, que fue detenido en Barcelona, y José Gómez Cansinos, en Vigo. La red de los horrores dirigida por Nanysex, Todd y Aza estaba definitivamente desmontada.

Álvaro Iglesias Gómez, el monstruo que se ocultaba detrás de su repugnante alias internáutico, era un joven de veintidós años, es decir, demasiado joven para encajar en el perfil común del pederasta. Por supuesto, nada en su apariencia ni en su conducta hacía sospechar su anormalidad. Se trataba de un muchacho corpulento y robusto que había ejercido diversas ocupaciones, desde repartidor de pizzas hasta agente comercial, pasando por una aparición como extra en la serie televisiva *Médico de familia*. Aunque se ganaba la vida como informático en un cibercafé de la localidad de Lo Pagán, en la costa murciana, también trabajaba a menudo de canguro, una tapadera que le permitía dedicarse a su perversa pasión: los niños. Según los vistosos anuncios que colgaba estaba disponible tardes, noches y fines de semana, al módico precio de tres euros la hora: «Experiencia con niños y educación infantil. Si además tienes ordenador en casa, cursos de informática para niños».

Hasta el año 2003 residió en Madrid, en Collado Villalba, después se trasladó a Lo Pagán, donde permaneció poco tiempo hasta instalarse en el barrio de San Antolín, situado en las inmediaciones del centro de Murcia, y donde junto con su hermano abrió una tienda de informática, Tunning P. C. Los vecinos del barrio lo recordaban como una persona callada, discreta, prudente y trabajadora, que a veces se quedaba a dormir dentro de la tienda.

En su enfermizo afán por rodearse de críos, llegó a enviar un currículo a la televisión murciana en el que se ofrecía para presentar y dirigir un programa infantil, un espacio destinado a acercar la informática a los más pequeños. Nadie podía sospechar que detrás de ese joven se ocultaba Nanysex, el violador de niños más despiadado de la red y el más salvaje productor y distribuidor de pornografía infantil de los últimos años.

El segundo implicado en la operación Kova (bautizada así por ser otro de los alias de Nanysex) era Eduardo Sánchez Moragues, alias Todd. Su nombre quizá podía hacer referencia a *toddler*, «pequeñín». Tenía veintitrés años cuando fue detenido y estaba a punto de licenciarse en Geografía e Historia por la Universidad de Lérida. Le apasionaba la meteorología y llegó a dirigir mesas redondas y jornadas que la universidad dedicaba a esta disciplina. Gracias a la fortuna familiar, no tenía problemas para viajar y, a pesar de su juventud, ya había estado en Cuba, Camboya y Tailandia, paraíso mundial de la pedofilia. Porque la auténtica obsesión de Eduardo, la que desbancaba incluso su pasión por la meteorología, era los abusos sexuales a menores de edad. Para estar más cerca de sus víctimas, se sabe que planeaba abrir una guardería.

En julio de 2004, viajó a Estados Unidos para conocer personalmente a Daniel Witmer, un pederasta de Pensilvania que le había ofrecido como víctima a su propio hijo de dos años de edad. Eduardo y Daniel abusaron del crío durante dos semanas, primero en un hotel y más tarde en el domicilio del padre, y no dejaron de grabar en vídeo sus aberraciones. Pero la madre acabó descubriendo los abusos, denunció a su marido y proporcionó a la policía las grabaciones. En una de ellas se veía momentánea pero nítidamente el rostro de un desconocido, que más tarde fue identificado por la Brigada de Investigación Tecnológica de la Policía española como Eduardo Sánchez Moragues.

Eduardo se desplazaba allá donde fuese necesario para conseguir saciar sus perversos gustos. Era también un buen fotógrafo y cámara, y en su página web dedicada a la meteorología solía colgar imágenes de sus viajes; en alguna de las fotografías se le veía rodeado de niños. De su propiedad eran la Olympus y la videocámara Sony que la policía usó como pruebas periciales en el juicio, y con la que Nanysex, Aza y él mismo grabaron algunas de las horripilantes escenas de sus abusos.

Álvaro y Eduardo se conocieron en Madrid cuando el segundo contaba dieciséis años. Unos años después, invitado por Álvaro, se desplazó en uno de sus viajes hasta Collado Villalba para violar juntos a un niño de tres años. Fue ese vídeo abominable, que circulaba por los canales más recónditos de la red, el que permitió identificar el billete de tren, la primera luz en el complejo caso Nanysex.

El tercer imputado era José Gómez Cansinos, alias Aza, de veinticuatro años, un estudiante de Biología en la Universidad de Vigo. Los vecinos del barrio orensano de A Rabaza donde vivía con sus padres lo describen como tímido, introvertido y amanerado. Solía frecuentar la zona gay de la ciudad, acompañado de jovencitos, y vestía al estilo gótico. A su hermano pequeño se le imputan agresiones sexuales continuadas a dos menores vecinos suyos, de siete y nueve años de edad.

Hay también un cuarto imputado, J. C. C., socio y vecino de Álvaro Iglesias, que regentaba un videoclub en el local contiguo al cibercafé de Iglesias. Un día Álvaro le prestó por equivocación una cinta con algunas de sus horrendas violaciones y, en lugar de denunciarlo a la policía, J. C. C. decidió extorsionarlo para que le cediera una parte del negocio.

Hay muy pocos datos acerca de la niñez de Álvaro Iglesias. Un primo suyo dijo que le gustaba jugar con los Lego. Poco más sabemos de la infancia de un individuo que ha dedicado su vida en cuerpo y alma a destrozar la infancia de decenas de niños. Una vez atrapado, se vanaglorió de haber llegado a abusar de más de cien pequeñas víctimas. Para los policías asignados al caso fue una verdadera prueba de fuego mantener la sangre fría mientras llevaban a cabo la investigación. No había manera de contemplar impasibles los vídeos de aquellas aberraciones:

—Tuvimos un compañero que pidió un cambio de destino —confiesa uno de los agentes—. Le soliviantaban de tal manera las truculentas imágenes, que son nuestro pan de cada día, que estaba siempre con mal cuerpo. Los demás sabemos lo que hay, y aprendemos a abstraernos. No hay forma de sobrellevarlo si te paras a contemplar los rostros de los niños abusados y dejas que se te graben en la mente, o no te preocupas de olvidarte de sus gritos.

Se trata más de ponerte en tensión, como el perro de caza que marca a su presa irguiendo el rabo. Distancia y concentración a la vez. Y una idea siempre en mente: a ver cómo lo hacemos para enmarronar a ese tío que aparece en las imágenes abusando del ser más indefenso que existe: un bebé.

La policía tuvo que revisar un frenético e incalculable museo de los horrores hasta dar con las pocas imágenes que podían proporcionarles pistas y pruebas. La operación Kova rompió también todos los mitos e ideas preconcebidas sobre la pederastia. Antes de la detención de Álvaro y de sus dos cómplices, el perfil habitual del pederasta era un varón de unos cuarenta años, de clase alta, con hijos. Pero los acusados eran jóvenes de apenas veinte años, de distintas extracciones sociales y diversa formación cultural. L., jefe de la Brigada de Investigación Tecnológica, declaró:

—No sé qué pensarán psicólogos y psiquiatras, pero para mí hoy el único perfil real es que son hombres. Desde menores de edad hasta abueletes. Desde gente de vivir debajo de un puente a personas de una alta posición social. Hay desde empleados de limpieza a militares.

Según confesión propia, Álvaro Iglesias abusaba de niños desde los once años de edad. A los catorce años, una de sus víctimas se quejó a sus padres de las vejaciones a las que le sometía Álvaro y, ante la reprimenda posterior, decidió volverse más cauto. Se volcó en la red, desarrollando su talento informático e internándose cada vez más en las redes secretas de la pedofilia internacional. En una ocasión, asustado ante lo anormal de su conducta, intentó buscar ayuda en un psicólogo, que le recomendó buscarse una novia, pero sus instintos pedófilos fueron más fuertes. Después de tres meses de relaciones en blanco, Álvaro abandonó a la chica y no volvió al psicólogo. Aquel joven solitario y tímido, aislado de todos y de todo, se refugió tras la máscara de Nanysex, el despiadado violador de bebés.

Anuncio con el que se ofrecía como canguro y página web de Nanysex.

Durante el juicio celebrado en Madrid en el verano de 2008, el acusado plegó velas y de las cien violaciones de las que se jactaba en un principio pasó a convertirse en autor de abusos continuados a cinco menores entre 2003 y 2004. El primero de ellos tuvo lugar en el cibercafé que regentaba en Lo Pagán, Murcia, cuando se masturbó en los servicios del local en presencia de J. P., un niño de dos años. Posteriormente, aprovechando que el crío vivía en la misma casa que Álvaro Iglesias, fue hasta la cama donde dormía, le tocó los genitales y luego se masturbó hasta eyacular en su cara, todo ello sin despertarlo. En diversas ocasiones, llegó a masturbar al pequeño, consiguiendo que su pene se pusiera en erección. Todos estos repetidos abusos los grabó con una cámara y los guardó en su ordenador personal, desde donde empezaron a circular en las redes de pedófilos de la red.

También quedó probado que, en 2003, Álvaro Iglesias trabajó como canguro en el domicilio de un matrimonio residente en Collado Villalba y aprovechó la situación para abusar de los dos pequeños de la familia, de dos años y medio y de un año de edad. Les realizó masturbaciones, tocamientos y felaciones, y asimismo se desnudó delante de uno de los niños y le obligó a que le hiciera una felación hasta que eyaculó en su boca. Fueron incontables las aberraciones a las que sometió a los dos hermanos, vestidos o desnudos, juntos o por separado, y de todas ellas quedó constancia en la videocámara que llevaba el criminal consigo y que le servía para grabar sus violaciones y, posteriormente, difundirlas a través de los canales secretos de la pedofilia en la red.

De nuevo en Collado Villalba, a finales de 2003, fue contratado como canguro por otra familia para cuidar de un niño de tres años y medio de edad. Álvaro Iglesias practicó toda clase de abusos con el menor: se masturbó en su presencia, le realizó una felación e intentó que el crío le hiciera otra. Le tocó repetidamente los genitales mientras le cambiaba los pañales. Se acostó en la cama con él y le hizo una felación. En una ocasión le introdujo al mismo tiempo un dedo en el ano, y en otra, incluso llegó a intentar una violación anal. Como siempre, los horripilantes vídeos circulaban a través de las redes de pedófilos en internet.

En Murcia, entre los meses de abril y mayo de 2004, compartía vivienda con una familia, y aprovechó la ausencia de los padres para desnudarse, exhibir su pene y ponerlo en la boca del hijo pequeño de la familia. Luego le dijo que besara el miembro, pero el crío rehusó. También esta vez la agresión fue filmada en videocámara y difundida a través de la red.

Asistir a estas sesiones a puerta cerrada para identificar los rostros de los niños fue un durísimo trago para los jueces y letrados. Nadie había visto nada igual. El por aquel entonces ministro del Interior, José Antonio Alonso, declaró en una rueda de prensa que nunca en su larga trayectoria como juez había visto imágenes tan horribles. El sufrimiento fue especialmente duro para los padres. La madre de una de las víctimas de Nanysex, que se encontraba en tratamiento psicológico, sufrió un ataque de ansiedad. Uno de los progenitores agredió al violador cuando entraba al juicio y fue desalojado de la Sala. La impotencia de los familiares se estrellaba con el descaro y la frialdad del monstruo que se sentaba tranquilamente en el banquillo. Álvaro Iglesias llegó a quejarse de que a su socio de Orense, José Gómez, le gustaban los niños «mayores», de ocho o nueve años de edad, mientras que él prefería bebés.

En Vigo, durante 2003, José Gómez, alias Aza, abusó repetidamente de dos menores de seis años de edad. Un día que sus respectivas madres le habían dejado a cargo de los críos, les invitó a que se quitaran la ropa, les animó a que se tocaran los genitales y a que orinasen en una botella de plástico. Después besó en la boca a uno de ellos, le realizó una felación, y luego masturbó al otro. A continuación se volvió hacia el primero y lo violó vía anal. Otro día que se había quedado solo con ellos volvió a realizar los mismos actos, y después embadurnó de nata los pequeños cuerpos para finalmente violar por el ano a uno de los pequeños y obligar al otro a que le hiciera una felación.

En el momento del juicio, los dos niños presentaban un complejo cuadro de secuelas psicológicas (ansiedad, inquietud, temor, conductas de escape y dispersión) que muy probablemente afectará a su posterior desarrollo sexual y personal. Algunas de las escenas de estos abusos también fueron grabadas en videocámara y posteriormente difundidas por la red.

Cuando la policía detuvo a Eduardo Sánchez Moragues, alias Todd, encontró en su ordenador personal una ingente cantidad de material pornográfico infantil, entre la cual se incluían numerosos vídeos grabados por Álvaro Iglesias y José Gómez. Además de J. C. C. (que también tenía conocimiento de las violaciones y había sometido a chantaje a Álvaro Iglesias por la posesión de material pornográfico infantil) había un quinto procesado, Antonio Olmos, acusado de posesión y distribución del material pedófilo, pero no como autor de los hechos. En cambio, en el juicio quedó probado que Eduardo Sánchez acudió a Collado Villalba para abusar de un menor en compañía de Álvaro Iglesias. Asimismo fue a Vigo para grabar con videocámara algunas de las abominaciones antes descritas entre José Gómez y sus dos pequeñas víctimas. Uno de los vídeos iba encabezado por una dedicatoria personal de Nanysex: «Para mis friends BL Aza y Todd». BL eran las abreviaturas de *boy lovers*, es decir, «amantes de niños». Los vídeos de José Gómez solían llevar una presentación más explícita: «Boys of Aza».

Teniendo en cuenta la gravedad de los hechos, la fiscalía pidió ciento setenta y cinco años de prisión para el principal encausado, Álvaro Iglesias Gómez, por veintitrés delitos de abusos, trece de ellos con acceso carnal. La defensa, en cambio, solicitó una pena de diecinueve años de prisión, con la pretensión de cambiar la cárcel por el internamiento psiquiátrico. Para otros tres procesados, José Gómez, Eduardo Sánchez y Antonio Olmos, se pedían respectivamente penas de veinticuatro, catorce y diez años de prisión. Lo más irónico del caso es que el Ministerio Fiscal no solicitó un castigo mayor por el delito de violación, ya que, según el ministerio público, no había en las grabaciones signos de «violencia o intimidación». Debieron conformarse con el tecnicismo «abusos». Este detalle escandalizó a la opinión pública y desató un intenso debate social, poniendo sobre el tapete las deficiencias y atrasos del sistema judicial español. ¿Cómo era posible que no se considerase violación una penetración anal a bebés de un año y medio o dos años? ¿Cómo el fiscal no pudo ver intimidación en las lágrimas y llantos de los niños sometidos a vejaciones de ese calibre? ¿Qué clase de violencia hacía falta que ejercieran los autores de tales bestialidades?

Durante el juicio, Álvaro Iglesias reconoció su culpabilidad y solicitó para sí mismo el tratamiento de castración química. Pero no es muy seguro que este procedimiento sirva para algo en un caso tan grave como el suyo. Finalmente, la Audiencia de Madrid condenó a Álvaro Iglesias Gómez a cincuenta y cuatro años de prisión, a José Gómez a treinta y un años, a Eduardo Sánchez a catorce años y a Antonio Olmos a tres años de prisión. Es muy probable que el principal encausado salga de prisión antes de cumplir los cincuenta años con el peligro de que vuelva a reincidir en su horrenda conducta. Pero también lo es que la ley de la prisión, el brutal y expeditivo código carcelario, se encargue de ajustar las cuentas a estos criminales. Si los violadores no son precisamente bien vistos entre la población reclusa, en el caso de los violadores de niños la cosa puede acabar muy mal. Quizá un día uno de esos justicieros entre rejas se encargue de cumplir la sentencia que apareció pintada con spray en la persiana metálica de la tienda de informática de Álvaro Iglesias en Murcia: «Pederastas muertos. Fdo: un niño».

2

El perfil

Explotados laboralmente, sometidos a distintos abusos sexuales y objeto de comercio destinado al tráfico de órganos, la prostitución o las adopciones ilegales, los niños han sido desde siempre las víctimas perfectas. Inocentes, confiados, impotentes y vulnerables, poco pueden hacer frente a criminales sin escrúpulos, pederastas e incluso frente a partidos políticos como el holandés Caridad, Libertad y Diversidad (NVD en sus siglas originales), que aboga por la legalización de la posesión de pornografía infantil y por rebajar la edad penal de manera que los niños de doce años puedan mantener relaciones sexuales con adultos.

En el plano de la sexualidad, lo considerado indecente, indecoroso o directamente delictivo depende de variables sociales, culturales, geográficas y temporales. Por todos es sabido que el matrimonio con niñas es una práctica habitual en la India o que una niña o mujer que vague sola por Nueva Guinea es considerada poco menos que una incitadora. Sin embargo, ni siquiera en Occidente existe un claro consenso sobre el límite de edad para la protección de los menores respecto a las relaciones sexuales con adultos. Así, mientras que en países como Alemania y Gran Bretaña la barrera legal se sitúa en los dieciséis años, en otros como Italia se halla en los catorce. En España, según el Código Penal de 1973, las relaciones sexuales consentidas con un menor eran lícitas a partir de los trece años, extremo que se mantiene en la legislación vigente. De hecho, este Código Penal ni siquiera contemplaba en su articulado la pornografía infantil como una tipología delictiva. Afortunadamente, el Código Penal no es algo inmutable y las posteriores reformas han ido incluyendo diferentes delitos contra la libertad sexual de los niños y estableciendo medidas de control poscarcelario para los agresores.

Dentro de la pornografía infantil es importante distinguir entre diversos niveles de participación. Así, tenemos desde el mero *voyeur* que ha visitado determinadas páginas web guiado por la curiosidad o el coleccionista de imágenes que se recrea en sus distintas fantasías —pero que nunca las llevaría a cabo— hasta el pederasta que protagoniza los abusos y cuya peligrosidad criminal se diferencia enormemente de los anteriores personajes. Asimismo, también debemos aclarar que pederastia y pedofilia no son conceptos sinónimos, aun cuando a veces se usen como tales. El perfil del pedófilo suele ser el de un individuo adulto, de entre treinta y cuarenta años, generalmente con fuertes convicciones religiosas y que tiene cierta inclinación sexual hacia los menores. Su actividad sobre ellos es poco o nada intimidatoria, y se contenta con juegos o leves tocamientos que el sujeto no percibe como una agresión o con la contemplación de diverso material pornográfico. Muchos de ellos alcohólicos o enfermos mentales, son hombres débiles, inmaduros y solitarios que se sienten culpables por unas tendencias que saben que son aberrantes.

En cuanto a los pederastas, como demuestra el caso de Álvaro Iglesias Gómez, Eduardo Sánchez Moragues y José Gómez Cansinos, no es posible establecer un perfil criminal unitario. Homosexuales y heterosexuales, casados con hijos y solteros, jóvenes, adultos e incluso ancianos... podemos encontrar pederastas de todos los tipos y clases. Como datos aproximativos se puede decir que son varones en más del 90 por ciento de los casos,

Álvaro Iglesias, alias 'Nanysex', de 26 años, ha sido condenado a 58 años de cárcel por abusar sexualmente de bebés, grabar las imágenes y difundirlas por Internet. La Audiencia Provincial no considera que haya existido violencia física por lo que no se le imputa ninguna agresión sexual. La Fiscalía había pedido 175 años de cárcel por 23 delitos de abusos sexuales. El pederasta sólo cumplirá 20 años de prisión si se acoge en la cárcel a los programas de rehabilitación y reinserción social. Uno de sus colaboradores, José G. C., 'Aza', ha sido sentenciado a 31 años de cárcel por penetrar analmente a sus víctimas

El pedófilo de niños y bebés, sentenciado

LUIS F. DURÁN

El pederasta Álvaro Iglesias, alias *Nanysex*, de 26 años, ha sido condenado a 58 años de cárcel por cinco delitos de abusos sexuales a bebés que cuidaba y seis delitos de corrupción de menores. *La niñera del sexo* —eso significa su apodo en internet— les practicó tocamientos, masturbaciones y felaciones, grabó sus fechorías y comerció con las imágenes en la red. La sentencia no considera que haya existido violencia física por lo que no se le imputa ninguna agresión sexual. Tampoco ha calificado individualmente cada abuso sexual sino que los ha estimado como un delito continuado. La Fiscalía había pedido 175 años de cárcel para él por 23 delitos de abusos sexuales para *Nanysex*.

De acuerdo con este veredicto, el *canguro del sexo* podría estar en la calle con 44 años. De los 58 años de cárcel de condena cumplirá 30 aunque si se acoge a los beneficios penitenciarios pasará entre rejas dos tercios de la pena, es decir sólo 20 años. Además, podrá obtener el tercer grado, es decir que saldrá del centro penitenciario de permiso a los 42 años.

Nanysex, calificado por la propia Policía en su investigación como «uno de los peores pederastas conocidos», admitió en el juicio que era un «enfermo mental adicto al sexo con bebés» y que abusó de niños de 1 a 3 años valiéndose de su condición de canguro. Por eso pidió que la castrasen como solución a su perturbación.

Los magistrados condenan al resto de los integrantes de la red de pederastas penas que oscilan entre 31 años y medio y tres años de cárcel. En concreto, se imponen 31 años y medio de cárcel a José G. C., apodado *Aza* al que el Fiscal pedía 86 años de cárcel, por dos delitos continuados de abusos sexuales, con la agravante de abuso de confianza, dos de corrupción de menores y otro de distribución de material pornográfico de menores. A Eduardo S.M., alias *Todd*, se le condena a 14 años y medio por un delito continuado de abusos sexuales, tres de corrupción de menores y uno de distribución de pornografía infantil. Por último, se pena a Antonio O.M. con tres años de prisión por difundir y distribuir material pornográfico.

Además de las penas de cárcel, *Nanysex* y los otros tres condenados deberán indemnizar con un total de 700.000 euros a los menores que sufrieron los abusos, informó Europa Press. La pena impuesta a los procesados responde a la «gravedad de los delitos cometidos» y apunta que dicha gravedad se deduce del «contenido mismo» de los actos, así como de la edad de las víctimas y del «número de actos realizados».

El veredicto describe también las secuelas y el fuerte trauma psicológico que sufren algunos de los niños y que pueden afectar a su futura «evolución sexual» en la edad adulta.

La sentencia señala que el caso de *Nanysex*, que cometía los abusos aprovechando que se quedaba de *canguro* de los menores, «crea una grandísima alarma social a la que el Estado ha de responder de manera firme y por todos los medios a su alcance».

A *Nanysex* se le prohíbe acercarse y comunicarse con sus víctimas durante un periodo de 10 años, una vez sea excarcelado. Los magistrados deniegan aplicarle la atenuante de trastorno mental debido a la parafilia de tipo pedófilo que padece. Esta desviación sexual hace que Álvaro sienta sólo deseo sexual por los menores de cinco años, según admitió durante el juicio.

Los informes periciales, según el fallo, evidencian que «no tiene una enfermedad sexual» desde el punto de vista legal, puesto que «mantiene intactas y conservadas sus facultadas intelectivas y volitivas».

El fallo recoge los abusos cometidos por José G.C., quien incluso llegó a penetrar analmente a alguna de sus víctimas. El resto de los condenados acompañaron a *Nanysex* y a José G.C durante los abusos, participando activamente en algunos de ellos o grabando en vídeo los asaltos sexuales a los menores para luego difundirlos en foros privados de Internet.

Según la Audiencia madrileña, la gravedad de los hechos se ve «intrínsecamente cualificada» por el hecho de que tres de los procesados —Álvaro I.G., Eduardo S.M. y José G.C.— «aprovecharan la realización de este tipo de actos depravados para grabarlos y poder distribuirlos posteriormente entre terceras personas».

En contra de la Fiscalía de Madrid, la Sección Vigésimo Tercera de la Audiencia califica los delitos de continuados, en vez de contemplarlos de manera individual. Esgrime que la continuidad delictiva se justifica en que «las acciones realizadas sobre cada uno de los menores responden a una misma idea criminal y

«La sentencia señala que el caso crea una grandísima alarma social a la que el Estado debe responder de manera firme»

«Los informes periciales evidencian que no tiene enfermedad sexual ya que mantiene intactas sus facultades intelectivas»

DENUNCIADO POR PEGAR A 'NANYSEX'

Los magistrados de la Audiencia Provincial han trasladado al juzgado una denuncia contra el padre de una de las víctimas que durante una de las sesiones propinó un puñetazo en la cara a Nanysex por si los hechos son constitutivos de una infracción penal. Los magistrados consideran que no se puden tolerar este tipo de acciones violentas en la sala. «Si bien es cierto que puede ser comprensible desde el punto de vista humano la reacción de un padre que sabe que su hijo ha sido objeto de las acciones descritas en esta resolución, también es cierto que esta Sala no puede permitir en ningún caso que se produzca durante la celebración de un juicio ningún altercado o agresión», señala el fallo.

El caso podría ser archivado si finalmente Álvaro Iglesias decide no tomar ninguna medida contra el agresor.

Condenas de la Audiencia Provincial de Madrid

▶ Álvaro I.G., alias 'Nanysex'	58 años de prisión	Al considerarlo autor de **cinco delitos continuados de abusos sexuales** y de **seis delitos de corrupción de menores**, por elaborar con ellos material pornográfico y por difundir y distribuir dicho material.
▶ José G.C.	31 años de prisión	Por dos **delitos continuados de abuso sexual** y otros **tres de corrupción de menores.**
▶ Eduardo S.M.	14 años y 6 meses de cárcel	Por un **delito continuado de abuso sexual** y cuatro **delitos de corrupción de menores.**
▶ Antonio O.M.	Tres años de prisión	Por **difundir y distribuir material pornográfico.**

La sentencia, de la sección 23 de la Audiencia madrileña, considera probado que 'Nanysex' abusó sexualmente de cinco niños entre 2002 y 2004 en Murcia y en la localidad madrileña de Collado-Villalba, abusos que grababa en vídeo y que después distribuía entre los otros condenados y a través de internet.

FUENTE: Audiencia Provincial de Madrid — EL MUNDO

106 AÑOS DE PENA PARA LOS CONDENADOS
Álvaro Iglesias, 'Nanysex' y sus compinches cumplirán un total de 106 años de cárcel por sus delitos continuados de agresión sexual y por grabar las imágenes que comercializaban luego en internet.

mayores de treinta años, sin antecedentes penales y con puestos de trabajo cualificados. Con frecuencia buscan empleos o actividades que les permitan estar cerca de los niños —como Eduardo a un propósito delictivo por parte de sus autores, no existiendo una diferencia temporal grande, ni siquiera nítida en cuanto a los días en que se cometieron».

En la última sesión del juicio, el Ministerio Público estimó que las vejaciones debían de ser tipificadas como abusos y no agresiones sexuales al no apreciar en las imágenes evidencias de violencia o intimidación, requisitos que exige la Ley para que haya una violación.

La resolución subraya que no se puede acoger la calificación de agresión sexual porque «no se ha acreditado que haya existido realmente violencia física o intimidación», si bien reconoce que «en algunos casos que obran en las actuaciones se aprecia como uno de los procesados, Álvaro Iglesias sujeta a alguno de los menores con sus manos la cabeza» para vejarle.

«No se aprecia de manera clara dicha fuerza como un acto continuado, constante y tendente a vencer la resistencia y voluntad que pudiera presentar la víctima que intenta preservar así su libertad sexual», añade.

El veredicto describe la secuelas y el fuerte trauma que sufren los niños y que podría afectar a su «evolución sexual»

En internet, 'Nanysex' era considerado un mito por la calidad de las imágenes pornográficas que recopilaba de sus víctimas

Dentro del mundo de la pederastia, *Nanysex* era considerado un mito por la calidad de las imágenes que recopilaba de sus víctimas, según se desprende de las sesiones plenarias.

Nanysex y sus acólitos fueron detenidos en mayo de 2006 en el marco de la *Operación Kova* tras una investigación policial iniciada después de que la Secretaría General de Interpol en Lyon alertase a la Policía del hallazgo de fotografías pornográficas con bebés que podrían haber sido grabadas en España.

elmundo.es

▶ **Documento:** Sentencia completa del 'caso Nanysex'.

«Sin beneficios penitenciarios»

El Defensor del Menor de la Comunidad pidió ayer que 'Nanysex' no se acoga a los beneficios carcelarios y la acusación popular exige que se revisen los videos de las agresiones sexuales

LUIS F. DURÁN

El Defensor del Menor de la Comunidad de Madrid, Arturo Canalda, pidió ayer una reforma inmediata del Código Penal para que pederastas como *Nanysex* no se acojan a beneficios penitenciarios y para que recaigan sobre ellos penas más duras. Canalda lamentó que las vejaciones sufridas por los niños no fuesen consideradas como agresiones sexuales.

A su juicio, ha de plantearse con urgencia esta modificación del Código Penal y hay que llevar a cabo un «control, un registro y un seguimiento exhaustivo» de los pederastas. «No tiene sentido que a pesar de que los menores son muy pequeños y no pueden ejercer oposición contra la agresión que están sufriendo, sólo se contemple un delito de abuso sexual», señaló, para sentenciar que «no se puede tolerar que unos individuos, que han abusado tan brutalmente de unos niños tan pequeños, solamente sean condenados a un tercio de lo que pide la Fiscalía», según Efe.

A continuación, apuntó que «estos individuos saldrán a la calle después de haber cumplido sus penas, al igual que lo ha hecho el etarra De Juana Chaos tras haber matado a 25 personas», y agregó que, en ese momento, será conveniente estudiar «medidas específicas de educación, reinserción y seguimiento».

«No podemos tolerar que estén sueltos porque estamos acostumbrados a ver que son multireincidentes, que una vez que delinquen vuelven a delinquir cuando salen a la calle», denunció, para insistir en la necesidad de llevar a cabo un seguimiento del pederasta para «certificar que no va a volver a delinquir».

Acusación Sandra Palo

Por ello, recordó que su institución ha reclamado «hasta la saciedad» el endurecimiento de las leyes y de las penas, así como un control posterior al cumplimiento de la condena porque, en su opinión, se trata de «delincuentes que reinciden». Además, reivindicó que este colectivo no se aproveche de «ningún beneficio penitenciario», que cumpla las condenas «íntegramente» y que éstas sean «mucho más duras».

Jesús Garzón, abogado de la acusación popular Sandra Palo, aseguró ayer que «se ha mantenido la mayor parte de la tesis de que los delitos eran continuados, por lo que se nos da la razón». Asimismo, dijo que van a recurrir la sentencia para demostrar que ha habido al menos tres delitos de agresión sexual. «Vamos a pedir que se revisen los videos donde se demuestra que hubo violencia contra los menores», dijo Garzón. «La violencia que una persona ejerce contra un menor debe ser mínima ya que un bebé o un niño no pueden oponer la misma resistencia que un adulto», agregó.

El abogado Manuel Maza, que representa a varias de las víctimas de la red de pederastas liderada por *Nanysex*, ha anunciado que recurrirá ante el Tribunal Supremo la sentencia de la Audiencia Provincial de Madrid al considerar «insuficientes» las penas impuestas a los procesados.

Delito continuado

Así lo ha manifestado el letrado de la acusación particular, que ha lamentado que la sentencia «en vez de tomar cada uno de los hechos por separado» los tome como delito continuado. «El fallo establece un delito respecto a cada víctima, en lugar de un delito por cada uno de los abusos cometidos sobre cada víctima», ha señalado el abogado, que ha recordado que tanto su petición como la de la Fiscalía era que «se penara cada uno de los abusos que en cada vídeo se hacía de cada menor».

Asimismo, Maza ha destacado que el tribunal considera que no hay empleo de violencia «suficiente» para calificar los hechos de «agresión sexual, que equivaldría a violación», y los define como abuso sexual, como también hizo el Ministerio Público —que no apreció indicios de violencia ni de intimidación—. «Pienso que agarrar la cabeza o los pies de un menor, algunos de menos de dos años, supone ejercer suficiente fuerza en una persona tan vulnerable como para considerarlo violencia», ha aseverado el letrado.

Maza también ha advertido de que la sentencia del caso *Nanysex* «sienta jurisprudencia» para futuros delitos de pederastia, por lo que ha insistido en su intención de recurrirla ante el Alto Tribunal.

LAS TRES CARAS DEL 'BABYSITER'
El pederasta 'Nanysex' en una fiesta (arriba), las imágenes que distribuía por internet (centro) y uno de los carteles donde se anunciaba como 'canguro' y profesor de informática (abajo).

Cortesía de *El Mundo* (22 de julio de 2008).

Sánchez, que pretendía abrir una guardería— y, aun después de ser descubiertos y condenados, su nivel de reincidencia es muy alto. Normalmente tienen una familia a su cargo y, en más del 30 por ciento de los casos, el agresor es el padre, el abuelo o el tío de la víctima.

En lo relativo a su personalidad podemos dividirlos, a grandes rasgos, en tres grupos: hombres con un bajo nivel de autoestima y que se sienten incapaces de relacionarse con adultos; individuos que han sufrido abusos sexuales en su niñez y que reproducen en sus víctimas los padecimientos a los que ellos fueron sometidos; o sujetos que tienen como principal motivación de sus asaltos la humillación de sus víctimas y el ejercicio de poder sobre las mismas. Dada la brutalidad de sus acciones, Álvaro Iglesias y José Gómez —homosexual probablemente egodistónico (que no reconoce ante sí mismo sus tendencias sexuales), seguidor incansable de Álvaro, fascinado por el descaro y la desfachatez de éste— podrían encuadrarse en este último grupo de sádicos y crueles psicópatas.

El pederasta se presenta en sociedad como alguien discreto, nada conflictivo, como un abnegado padre de familia o como un profesional entregado y responsable. Capaz de mimetizarse con el entorno, de manipular a todos a su favor, mostrando siempre una fachada ficticia que no tiene nada que ver con su auténtica naturaleza, su personalidad es claramente psicopática. Resentido y de carácter violento, intimida, viola y en ocasiones asesina a unas víctimas que no son para él más que simples instrumentos con los que satisfacerse, meros objetos que busca en alrededores de parques y colegios, en zonas marginales donde la vigilancia sobre los niños es mínima, en salas de juegos recreativos, en grandes superficies comerciales o a través de internet, donde el anonimato favorece la suplantación de identidades.

En todo caso, y como demuestra la red de pornografía infantil que manejaban Álvaro Iglesias, Eduardo Sánchez y José Gómez, internet ha supuesto un nuevo y lucrativo campo de acción para este tipo de criminales. A través de la red, como tantos otros pederastas, Álvaro, Eduardo y José se jactaban de las agresiones cometidas, intercambiaban vídeos de sus abusos y violaciones y hasta contactaban con otros sujetos de idénticas aficiones, individuos que incluso llegaron a ofrecer a sus propios hijos para abusar conjuntamente de ellos.

En su actividad depredadora, los pederastas pueden actuar de muchas formas, ya sea seduciendo a la víctima con regalos o promesas, ya sea capturándola o extorsionándola de modo que el propio niño se sienta culpable de lo sucedido —técnica habitual cuando el agresor es parte del entorno familiar—. Por el contrario, el *modus operandi* de Álvaro era todavía más sencillo: simplemente elegía una casa donde hubiera bebés y trataba de que le contrataran como canguro o alquilaba una habitación. Cuando los padres se ausentaban, comenzaba su guión de agresiones sexuales: felaciones, tocamientos, eyaculaciones en la cara de los niños y violaciones anales.

El hecho de que el hermano pequeño de José haya sido imputado también por otros dos delitos de agresión sexual a menores puede responder a pautas conductuales aprendidas o imitadas, aunque asimismo puede tratarse de un intento de reproducir sus propias experiencias personales. No debemos perder de vista que la pederastia es un comportamiento, una tendencia sexual que el sujeto aprende y desarrolla. Nunca es una patología congénita.

Por otro lado, la solicitud de Álvaro Iglesias de una castración química es inaplicable a la luz de la Constitución española, que garantiza la integridad física del acusado. Además, la efectividad de la inhibición del deseo sexual o incluso de la castración quirúrgica no está en modo alguno garantizada, sobre todo si valoramos que la motivación interna del agresor, en la mayoría de estos crímenes, dista bastante de lo meramente libidinoso. ¿De qué podría servir la inhibición de impulsos sexuales o la castración quirúrgica cuando el motor de la acción es la venganza, el sadismo, la humillación, la compensación o el ejercicio de poder sobre la víctima? En estos casos, la aplicación de los referidos métodos podría incluso llegar a hacer que el individuo se volviese más violento y buscara nuevas víctimas a las que culpar de la merma sufrida.

Casuística comparada

Marc Dutroux (Bruselas, 1956). Asesino en serie belga, fue condenado por haber secuestrado, torturado y abusado sexualmente de seis niñas con edades comprendidas entre los ocho y los diecinueve años de edad, entre junio de 1995 y agosto de 1996. Su trayectoria criminal era más amplia de lo que cabría esperar para un perfil que requeriría altos niveles de intimidad como pederasta. Relacionado con el robo de coches de lujo en Checoslovaquia y con el tráfico de drogas en Hungría, era propietario de siete casas de lujo en Bélgica. En una de ellas, en la ciudad de Charleroi, llegó a construir una mazmorra para violar y torturar a las niñas secuestradas. Aunque en el juicio no se pudo demostrar, el nivel de vida de Marc Dutroux, más de veinte cuentas abiertas en distintos bancos, hacía sospechar relaciones internacionales con la mafia. Fue juzgado en 2004, siete años después de su detención, y condenado a la pena máxima, cadena perpetua en Bélgica, con cumplimiento obligatorio de treinta años. Marc Dutroux se encuentra encarcelado en una prisión de máxima seguridad, en un confinamiento solitario en una celda en la que se enciende la luz siete minutos cada hora.

Neil Havens Rodreick (Phoenix, Arizona, 1978). Contaba veintinueve años cuando fue detenido en febrero de 2007. Ni las autoridades de Arizona ni la sociedad estadounidense se explican todavía la increíble historia de este pederasta de veintinueve años que se hacía pasar por un niño de doce y que estuvo en cuatro colegios, engañando a educadores y administraciones sin levantar la menor sospecha y abusando de sus compañeros de estudios.

Antes de reinventarse en Casey Price, Neil Havens había cumplido condena en una cárcel de Oklahoma, condenado por insinuarse a un niño de seis años. Neil Havens medía 1,70 y pesaba cincuenta y cuatro kilos. Se depilaba todos los días y se maquillaba la cara con una crema especial para cubrirse los poros. Su cara de niño mantenía todavía marcas de acné juvenil como las de sus compañeros de clase, aunque a muchos de ellos les superaban en altura. Para mantener la farsa se hacía pasar por uno de esos estudiantes anodinos, incluso permitía que se metieran con él. Hacía los deberes como uno más y, aunque no era un estudiante brillante, nunca necesitó apoyo extraescolar. Siempre llevaba un monopatín consigo y consiguió engañar a todos sus vecinos, que creían que realmente era un niño de doce años.

En enero de 2007 se matriculó en la escuela Mingus Springs de Chino Valley, en Arizona, donde sospecharon que se trataba de un niño secuestrado. Las investigaciones policiales pertinentes descubrieron su verdadera identidad, además de un extraordinario y terrible archivo visual de ejercicios pedófilos. En abril de 2007 fue condenado a setenta años y seis meses de prisión. Cumple condena en Arizona.

Dean Arthur Schwartzmiller (Snohomish, Washington, 1941). Este sexagenario de aspecto dócil y amable actuó durante treinta y seis años en cinco estados norteamericanos y en Brasil y México. En 2004 la policía encontró en su casa información clasificada con los nombres de más de treinta y seis mil niños y los supuestos abusos a los que los había sometido el detenido. Inteligente y cuidadoso aprendió portugués en Brasil y español en México. En una operación cooperativa entre la Interpool y las fuerzas de seguridad estadounidenses fue detenido en 2007 y condenado a ciento cincuenta y dos años de prisión. Tenía entonces sesenta y seis años. Está considerado uno de los pederastas más peligrosos de la historia del siglo XX, y todavía hoy se siguen investigando los más de treinta y seis mil casos descritos en sus diarios.

3

La sentencia

Audiencia Provincial de Madrid. Sección 23.ª
Sentencia n.º 99/2008 de 9 de julio

En la Villa de Madrid a nueve de julio de dos mil ocho.

Hechos probados

Primero

Se declaran como probados los siguientes hechos realizados por los procesados.

1. El procesado Álvaro Iglesias Gómez, mayor de edad y sin antecedentes penales, teniendo el ánimo de satisfacer sus deseos sexuales, realizó los siguientes hechos que se consideran como probados:

En fecha no determinada del año 2004, cuando el procesado residía en la ciudad de Murcia y estaba trabajando en un cibercafé, encontrándose en el aseo de dicho establecimiento en compañía de J. P., que contaba con apenas dos años de edad, se masturbó en su presencia.

Igualmente, el procesado, aprovechando que el menor estaba durmiendo en una cama de la vivienda donde residía el procesado, le tocó repetidamente y durante un espacio prolongado de tiempo sus órganos genitales. Asimismo, y tras realizar el acto anterior, el procesado se volvió a masturbar llegando a eyacular en la cara del menor, que seguía durmiendo.

De igual forma el procesado, en otra ocasión, le realizó diversos tocamientos al menor en sus órganos genitales hasta lograr la erección de su pene.

Todos los hechos anteriormente descritos fueron grabados por el procesado e incorporados y guardados en su ordenador personal y entregados a los otros procesados, J. C. C., E. S. M. y J. G. C., a quienes se les incautaron los vídeos y las imágenes, por parte de la Policía en el momento de su detención.

[...]

2. El procesado E. S. M., mayor de edad y sin antecedentes penales, teniendo la intención de satisfacer sus deseos sexuales, realizó los siguientes actos:

En fechas no determinadas del año 2003, estando en compañía y al cuidado de los menores P. M. y su primo E. M., tras invitarles a que se quitaran la ropa, se tocaran sus órganos genitales y orinaran en una botella de plástico, comenzó a besar en la boca a P. M. para después realizarle una felación, comenzando también a masturbar a E. M., practicándole una felación, terminando por realizarle otra felación a P. M. e introducirle el procesado su pene en el ano del menor.

Los anteriores actos eran grabados por el procesado y, en ocasiones, por los menores, con la finalidad de elaborar material de contenido sexual para su posterior distribución entre terceras personas. Las referidas imágenes fueron grabadas en dos vídeos que fueron remitidos al procesado Álvaro Iglesias Gómez y encontrados e intervenidos por la Policía en poder del procesado J. C. C.

3. El procesado J. G. C., mayor de edad y sin antecedentes penales, acudió a Collado Villalba invitado por Álvaro Iglesias Gómez a pasar varios fines de semana, ocasiones en que el procesado aprovechó para realizar al menor J., en distintas ocasiones, tocamientos en sus órganos genitales e introducirle los dedos en el ano, grabando dichas escenas y fotografiando distintos momentos en los que Álvaro Iglesias Gómez realizaba actos sexuales con el menor.

Asimismo, el referido procesado acudió a Vigo invitado por el otro de los procesados, E. S. M., donde grabó en vídeo diversos actos sexuales que este último realizaba con los menores E. y P. M.

4. Al procesado J. C. C., mayor de edad y sin antecedentes penales, le fue intervenido por la Policía en el momento de su detención, diverso material informático de claro contenido pornográfico en el que aparecen menores de edad. Parte de dicho material le fue suministrado por el procesado Álvaro Iglesias Gómez, con quien también intercambiaba imágenes y vídeos de contenido sexual de menores de edad.

Fundamentos de derecho

Primero. Los hechos declarados probados en el anterior relato fáctico son legalmente constitutivos de varios delitos de abusos sexuales previstos y penados en el artículo 182.1 y 2 en relación con el artículo 180.1.3 del Código Penal, concurriendo en el presente caso de todos los elementos necesarios para su existencia.

Segundo. Se han de calificar los hechos, también, como de varios delitos de abusos sexuales del artículo 181.1, 2 y 4 del Código Penal, en relación con el artículo 180.1.3 del mismo texto legal.

[...]

Sexto. Los hechos objeto del presente procedimiento también son constitutivos de un delito de corrupción de menores previsto en el artículo 189.1, apartado a) y apartado b), vigente al momento de cometer los hechos.

[...]

Ha de destacarse y desecharse la calificación o la aplicación del artículo 189.2 del Código Penal pues este tipo delictivo de la simple posesión de pornografía infantil tuvo su entrada en vigor a partir del 1 de octubre de 2004, fecha esta que es posterior a los hechos supuestamente cometidos por J. C. C., que es el único procesado a quien se le imputa este delito.

[...]

Octavo. De los anteriores hechos son responsables en concepto de autores los procesados, por haber participado directa y materialmente en los mismos.

En primer lugar, y con respecto al procesado Álvaro Iglesias Gómez, entiende esta Sala que han quedado acreditados los hechos objeto de acusación, en parte por el propio reconocimiento de los mismos.

En consecuencia, nos encontraríamos ante un delito continuado de abusos sexuales del artículo 181.1, 2 y 4 del Código Penal, y de un delito continuado de utilización de menores para elaborar material pornográfico del artículo 189.1 letra a) del Código Penal vigente en el momento de los hechos.

[...]

Decimocuarto. De los informes periciales obrantes en las actuaciones, ratificados todos ellos con todas las garantías procesales y constitucionales en el acto del juicio oral, se desprende y esta Sala llega a la conclusión de que los mismos evidencian que el procesado Álvaro Iglesias Gómez no tiene una enfermedad mental desde el punto de vista legal. Aunque se le haya diagnosticado una pedofilia excluyente e invariable, lo cierto es que se coincide en que mantiene intactas y conservadas sus facultades volitivas e intelectivas, tal y como requiere la jurisprudencia.

Este Tribunal ha de decidir solamente el aspecto legal de su imputabilidad y de la posible disminución de sus facultades volitivas e intelectivas. Así pues, entendemos que no se puede atender la petición de la defensa del procesado, debiendo concluir que es plenamente imputable.

Fallamos

Vistos los preceptos legales citados y demás de general y pertinente aplicación.

Que debemos hacer los siguientes pronunciamientos:

Primero. Debemos condenar y condenamos a Álvaro Iglesias Gómez como autor responsable de los siguientes delitos, y a las siguientes penas:

a) tres delitos continuados de abusos sexuales con la concurrencia de la atenuante analógica de colaboración con las autoridades y la agravante de abuso de confianza, a la pena de DOCE AÑOS DE PRISIÓN por cada uno de ellos, con inhabilitación absoluta durante el tiempo de condena;
b) dos delitos continuados de abusos sexuales con la concurren-

cia de la atenuante analógica de colaboración con las autoridades, a la pena de TRES AÑOS Y SEIS MESES DE PRISIÓN por cada uno de ellos, con inhabilitación especial para el derecho del sufragio pasivo durante el tiempo de condena;

c) cinco delitos de corrupción de menores consistentes en la utilización de menores para elaboración de material pornográfico, con la concurrencia de la atenuante analógica de colaboración con las autoridades y la agravante de abuso de confianza en tres de ellos, a la pena de DOS AÑOS Y SEIS MESES DE PRISIÓN por cada uno de ellos, con inhabilitación especial para el derecho del sufragio pasivo durante el tiempo de condena;
d) un delito de corrupción de menores consistente en la distribución de material pornográfico de menores, con la concurrencia de la atenuante analógica de colaboración con las autoridades, a la pena de DOS AÑOS Y SEIS MESES DE PRISIÓN, con inhabilitación especial para el derecho del sufragio pasivo durante el tiempo de condena.

Segundo. Debemos condenar y condenamos a J. G. C. por los siguientes delitos y a las siguientes penas:

a) un delito continuado de abusos sexuales, sin la concurrencia de circunstancias modificativas de la responsabilidad criminal, a la pena de CUATRO AÑOS Y SEIS MESES DE PRISIÓN, con inhabilitación absoluta durante el tiempo de condena;
b) tres delitos de corrupción de menores consistentes en la utilización de menores para elaboración de material pornográfico, sin la concurrencia de circunstancias modificativas de la responsabilidad criminal, a la pena de DOS AÑOS Y SEIS MESES DE PRISIÓN por cada uno de ellos, con inhabilitación especial para el derecho del sufragio pasivo durante el tiempo de condena;

c) un delito de corrupción de menores consistente en la distribución de material pornográfico de menores, con la concurrencia de la atenuante analógica de colaboración con las autoridades, a la pena de DOS AÑOS Y SEIS MESES DE PRISIÓN, con inhabilitación especial para el derecho del sufragio pasivo durante el tiempo de condena.

Tercero. Debemos condenar y condenamos a E. S. M. por los siguientes delitos y a las siguientes penas:

a) dos delitos continuados de abusos sexuales, con la concurrencia de circunstancia agravante de abuso de confianza, a la pena de DOCE AÑOS DE PRISIÓN por cada uno de ellos, con inhabilitación absoluta durante el tiempo de condena;
b) dos delitos de corrupción de menores consistentes en la utilización de menores para elaboración de material pornográfico, con la concurrencia de circunstancia agravante de abuso de confianza, a la pena de DOS AÑOS Y SEIS MESES DE PRISIÓN por cada uno de ellos, con inhabilitación especial para el derecho del sufragio pasivo durante el tiempo de condena;
c) un delito de corrupción de menores consistente en la distribución de material pornográfico de menores, sin la concurrencia de circunstancias modificativas de la responsabilidad criminal, a la pena de DOS AÑOS Y SEIS MESES DE PRISIÓN, con inhabilitación especial para el derecho del sufragio pasivo durante el tiempo de condena.

Cuarto. Debemos condenar y condenamos a J. C. C. como autor responsable de un delito de corrupción de menores consistente en la utilización de menores para elaboración de material pornográfico, sin la concurrencia de circunstancias modificativas de la responsabilidad criminal, a la pena de TRES AÑOS DE PRISIÓN por cada uno de ellos, con inhabilitación especial para el derecho del sufragio pasivo durante el tiempo de condena.

Quinto. Se acuerda para el procesado Álvaro Iglesias Gómez la prohibición de acercarse y comunicarse de cualquier forma con el menor J. y sus padres, con L. A. y B. y sus padres, con F. y sus padres y con L. y sus padres durante un período de diez años a partir del cumplimiento de la pena privativa de libertad; a J. G. C. la prohibición de acercarse y comunicarse de cualquier forma con el menor J. y sus padres y con los menores E. y P. M. y sus respectivos padres durante un período de diez años a partir del cumplimiento de la pena privativa de libertad; y a E. S. M. la prohibición de acercarse y comunicarse de cualquier forma con los menores E. M y P. M. y sus respectivos padres durante un período de diez años a partir del cumplimiento de la pena privativa de libertad.

Sexto. Debemos absolver a los procesados Álvaro Iglesias Gómez, J. G. C. y E. S. M. de los delitos de agresión sexual y de los distintos delitos de abusos sexuales de los que venían siendo acusados por el Ministerio Fiscal y las acusaciones particulares y popular.

Así, por esta nuestra sentencia, lo pronunciamos, mandamos y firmamos.

Gustavo Romero Tercero
Un crimen casi perfecto

1

Los acontecimientos

La mañana del 19 de junio de 1993, muchos vecinos de la pequeña localidad manchega de Valdepeñas se despertaron inquietos. Ángel I. y Sara D., una pareja de novios, de veinticuatro y veinte años respectivamente habían desaparecido. Desde la noche anterior, en que estuvieron cenando y tomando unas copas con unos amigos en el bar Gala, nadie había vuelto a saber nada más de ellos. No habían dormido en casa y nadie los había visto ni tenía noticia de su paradero. Al final los amigos, desesperados, salieron a buscarlos. Encontraron sus cuerpos unas horas después en el parque municipal Cervantes, bajo un talud muy cerca de la vía férrea.

El cadáver de Ángel se hallaba oculto tras unos arbustos, en un montículo situado en la alambrada del matadero municipal Frimacha. Un reguero de sangre seca, que salpicaba desde las vías del tren hasta los arbustos, mostraba el trayecto que había realizado el asesino en su afán por esconder el cuerpo. Entre los dos cadáveres mediaba una distancia de unos ochenta metros.

Sara se encontraba tendida en el suelo, con la cabeza hacia la zona elevada del talud y los pies cerca de una valla metálica. Una cuerda anudaba el tobillo de su pierna derecha a la valla. Le habían quitado la falda, las bragas y el cinturón. Tenía la camisa subida y el sujetador cortado por el punto donde se unen las dos cazoletas. El cuerpo estaba lleno de heridas y cortes producidos por un arma blanca. Un gran charco de sangre que manchaba el espacio entre las vías señalaba el lugar donde habían acabado con su vida y el punto desde el que habían arrastrado el cuerpo sin vida hasta el talud.

Los policías comprobaron que de noche, en la zona donde se había cometido el crimen, reinaba una completa oscuridad, ya que algunas farolas estaban rotas o fundidas y el resto tapadas por las ramas. Faltaban la cartera de Ángel y el bolso de Sara, lo que hizo sospechar a los investigadores en un primer momento que el móvil principal había sido el robo. Pero esta hipótesis no concordaba con ciertos indicios hallados en el escenario del crimen, especialmente con los cortes brutales infligidos al cuerpo de Sara y el detalle de la cuerda con que la habían atado a la valla. Si el móvil principal del crimen hubiese sido el robo, no había motivos para llevar una cuerda: con la navaja habría bastado. Evidentemente, la intención del asesino era inmovilizar a Sara.

Aunque sufría magulladuras e incluso serios desgarros vaginales, la mujer no había sido violada, de manera que pronto quedó descartado encontrar restos de semen del asesino. La vía férrea descansa sobre una capa de malasco, piedra volcánica procedente del basalto que suele tener los bordes muy afilados. Los investigadores esperaban que el asesino se hubiese cortado y poder dar así con una muestra de ADN. Con ese fin, recogieron sangre de todos y cada uno de los charcos, regueros y manchas, pero sólo encontraron la sangre de las víctimas. Tampoco descubrieron cabellos ni fibras, ninguna evidencia material ni en el suelo ni en la ropa ni en los cadáveres, a pesar de que había constancia de que, tanto Ángel como Sara, mostraban marcas en manos y brazos que señalaban que habían intentado defenderse de su agresor. Los forenses llegaron a examinar incluso las uñas una por una por si hallaban algún diminuto trozo de piel, pero no había nada.

Ángel se dedicaba a colocar aparatos de aire acondicionado y Sara trabajaba en tareas domésticas. El macabro hallazgo de los

Gustavo Romero Tercero. Fotografía © EFE.

cuerpos de los dos jóvenes conmocionó a Valdepeñas. Nadie podía comprender quién, cómo o por qué había cometido el doble crimen y la policía no tenía ninguna pista con que encauzar la investigación. Por suerte, unos días después del asesinato, un joven se presentó en la comisaría y le dijo a los agentes que una amiga suya se encontraba en el parque la misma noche del crimen. La muchacha era menor de edad y los padres prefirieron que no declarase, ya que de hacerlo tendría que asistir al juicio. Cuando un menor de edad tiene que declarar en dependencias policiales o judiciales, debe hacerlo acompañado por al menos uno de sus progenitores, o en su caso por el tutor o representante legal. En este caso fue el padre quien declaró lo que su hija le había contado, pero esta declaración no deja de ser referencial y suele tener muy poco peso a la hora de imputar o detener a alguien. Eso sí, en el juicio que se celebró años después se presentó como testigo protegido y pudo ampliar su testimonio:

—Había estado en el parque con un amigo, y un hombre no muy mayor había estado merodeando montado en bicicleta. No me gustaba su mirada ni cómo me miraba, no me inspiraba confianza, hasta el punto de ponernos nerviosos y tener que cambiar de banco varias veces. Sobre las diez y media de la noche nos fuimos de allí. Yo tenía dieciséis años y tenía que llegar a casa a las once. En la entrada sur del parque, la de los Llanos, me crucé con Ángel y Sara. La conocía y la saludé. El hombre quedó a mi espalda.

La policía le enseñó a la joven álbumes fotográficos de los delincuentes de la zona para ver si podía reconocer al sospechoso, pero fue en vano. Tampoco lograron sacar nada en claro de todas las entrevistas que realizaron en el entorno de la pareja asesinada.

Poco a poco, la calma fue volviendo a las calles de Valdepeñas. Con el paso de los años, el crimen de los novios se convirtió en una leyenda, un caso irresoluble donde los investigadores habían tropezado contra un muro en blanco.

Unos cinco años después, cuando muy pocos recordaban ya el brutal asesinato de Ángel y Sara, otra muerte violenta volvió a golpear Valdepeñas. El 25 de junio de 1998, Rosana Maroto Quintana, una joven estudiante de veintidós años, desapareció sin dejar rastro.

Por la tarde, la joven había salido a dar una vuelta en bicicleta por los alrededores de Valdepeñas. Nunca regresó. Cuando la noche cayó y su madre ya había agotado todas las posibilidades de localizarla, buena parte del barrio se movilizó para buscar a la joven. En los días posteriores la búsqueda afectó a todo Valdepeñas, que amaneció empapelado de carteles con su fotografía. Por el pueblo volvió a sobrevolar el recuerdo de Ángel y Sara. Nadie quería que un nuevo crimen quedara impune.

En la búsqueda multitudinaria de algún rastro de Rosana, unas niñas, al cruzar el puente de Hierro sobre el río Jalón, vieron un bulto que les parecía una mochila. El padre de Rosana, asustado ante aquel mal presagio, no las quiso creer, y entonces las niñas fueron hasta la plaza para contárselo a sus amigas y a la hermana de Rosana, Cristina. La historia acabó en la comisaría de policía, con dos agentes que fueron hasta el río, rescataron la mochila del agua y sacaron de su interior una gorra, unas zapatillas sin cordón, una botella de plástico típica de ciclistas, así como una bolsa negra que contenía una camiseta y unos pantalones cortos de algodón: la ropa que llevaba Rosana el día de su desaparición. Del interior de la mochila emanaba también un fuerte olor a vómito que hizo retroceder a los dos policías. Al fondo, como lastre, el asesino había colocado una piedra de unos seis kilos de peso.

La mochila y todo su contenido fueron remitidos por la policía de Valdepeñas a la Comisaría General de la Policía Científica de Madrid. Allí los especialistas dedujeron que, dado que el pantalón estaba del revés y con el cordón de la cintura atado, era evidente que se lo habían arrancado a Rosana con violencia y que muy probablemente la habían violado. Poco después, en septiembre, el Servicio Central de Análisis había conseguido aislar el perfil genético de Rosana y de su agresor, este último a través de unos restos de semen encontrados en el pantalón. Sin embargo, ni el ADN del varón coincidía con los catalogados en la base VERITAS —de indicios criminales— ni el de Rosana con los de la base HUMANITAS —cadáveres sin identificar—. Otro tanto ocurrió con los programas ADNIC y FÉNIX, las bases de datos análogas para delincuentes y cadáveres sin identificar de la Guardia Civil.

Las batidas organizadas por la policía local y por el ayuntamiento de Valdepeñas prosiguieron con mayor empeño si cabe tras el hallazgo de la mochila, pero no volvieron a dar resultados. Ni siquiera en los pozos ni en algunos tramos del río Jalón, explorados por unidades subacuáticas de la policía, se encontró un solo rastro de Rosana o de su bicicleta.

Dos años después de la desaparición de la muchacha, las manifestaciones en el pueblo se sucedían una tras otra. Al frente, junto a los padres y los hermanos de Rosana, se encontraban otras dos familias destrozadas: las de Ángel y Sara. Valdepeñas temía que en sus calles corrieran dos psicópatas sueltos porque, tras un lapso de cinco años, nadie había relacionado los dos crímenes.

El clamor popular llegó hasta la Moncloa, donde el presidente del gobierno llegó a recibir a un grupo de vecinos de Valdepeñas. En un Consejo de Ministros se aprobó una recompensa de 25.000.000 de pesetas para la persona que pudiera dar alguna pista sobre el paradero de Rosana o sobre el asesino de Ángel y Sara. El propio José María Aznar pidió que se le informara personalmente de los avances de la investigación.

Ante la resonancia mediática del caso, numerosos avances policiales se pusieron al servicio de los policías encargados del caso. El FBI llegó a ceder un sistema de lectura del subsuelo por sónar que reproduce en la pantalla una imagen del suelo hasta tres metros de profundidad. Sin embargo, tampoco sirvió para encontrar el más pequeño rastro de Rosana.

Al fin, el 30 de octubre de 2000, dos años y cuatro meses después de su desaparición, los GEO y el grupo de inspecciones oculares de la Comisaría General encontraron la bicicleta de Rosana. Estaba sumergida en un pozo cercano a Valdepeñas, en Casa Rabadán y, aunque con todo el tiempo transcurrido no era más que un montón de chatarra oxidada, coincidía punto por punto con la descripción dada por los familiares de la víctima.

Los expertos de la Policía Científica de Madrid observaron que, salvo el deterioro por la herrumbre, la bicicleta no presentaba signos de haber sufrido accidente alguno, por lo que sospecharon que debían haber sido dos o más personas quienes habían hecho desaparecer el cuerpo de Rosana. También comprendieron que el autor o los autores de la desaparición tenían que conocer la zona a la perfección, pues el pozo donde fue encontrada la bicicleta es de muy difícil acceso.

Fue entonces cuando las sospechas se centraron en Antonio Gómez Sánchez, un vecino de Moral de Calatrava (población cercana a Valdepeñas) que cumplía condena en la cárcel de Herrera de la Mancha por robo con violencia. Antonio visitaba Valdepeñas con frecuencia, era ludópata y presentaba brotes esquizofrénicos. La policía le intervino las comunicaciones y le presionó para que confesara los hechos, pero Antonio siempre dijo que no sabía nada de Rosana. La policía se llevó ropa del domicilio de Antonio para examinarla y comprobar si coincidía con el ADN del asesino, pero los resultados fueron negativos. La investigación volvió a entrar en vía muerta.

Fue en ese instante cuando, por pura casualidad, se resolvió el misterio. A primeros de agosto de 2003, Yolanda Sáez Alcorcón se personó en una comisaría de Valdepeñas para denunciar una paliza que le había propinado su marido, Gustavo Romero Tercero. La mujer declaró que Gustavo la había amenazado con hacerle lo mismo que a los novios de Valdepeñas. El juez ordenó detener al marido y lo acusó de malos tratos a su esposa. Le tomó declaración y lo envió a prisión incomunicado y sin fianza, una medida que parecía desorbitada ante una agresión de género y que desorientó por completo a su abogado.

En un principio, la denuncia de Yolanda parecía fruto del rencor ante los malos tratos recibidos y, sobre todo, del despecho ante el reciente abandono de hogar que habían sufrido ella y sus hijos. Gustavo había dejado a su familia para irse a vivir con A. B. A., hija de un constructor de Valdepeñas, y con quien se había inscrito como pareja de hecho pocos meses antes. Tanto Yolanda como sus hijos habían sufrido abusos y vejaciones constantes durante largos años. Debido a que, según la legislación vigente, Yolanda no tenía la obligación de denunciar a su esposo, se cuestionó la licitud de su testimonio. Sin embargo, la mujer manifestó ante el juez que la misma noche del asesinato su marido había salido de casa después de cenar, montado en su bicicleta, y que luego llegó de madrugada, muy tarde, con el cuerpo lleno de arañazos. En el juicio, celebrado en la primavera de 2005, Yolanda declaró:

—Le pregunté que de dónde venía. Me dijo que estaba por ahí con la bicicleta. Estaba blanco, pero tampoco lo vi... Vi una cartera donde estaba el carnet de Ángel y la foto de Sara y les reconocí. Le pregunté que quiénes eran ésos y me contestó que no sabía lo que había hecho, si la había dejado viva o la había dejado muerta.

»No me dijo nada de dinero. Simplemente que fue a robarles y que viendo que la muchacha le conocía, porque era familia de una tía suya, pues le sacó la navaja y que empezó a darle puñaladas, primero a él y luego a ella. Yo no vi la cartera, pero en la alcoba había un puf y la cartera estaba allí abierta. No la toqué porque salió del cuarto de baño y entonces me preguntó qué hacía, le dije que nada, pero que qué había hecho él, si los había dejado vivos o muertos. Se los había encontrado en el parque, se acercó a ellos y se los llevó hacia la vía con una navaja. Fue allí donde la chica le dijo que le conocía porque su hermana estaba trabajando con una de sus tías en el bar. La chica le decía que los dejara, que le conocía, que no pasaba nada, que no iban a denunciarle. Entonces empezó con él, la chica se fue corriendo y cogió a la chica también. Luego me dijo dónde había tirado la navaja y todo... Yo conocía la navaja porque era de casa. Él normalmente llevaba navaja, en concreto ésa, la blanca que llevaba en la riñonera. La ropa la metió en la lavadora. Por donde nosotros vivíamos se fue a dar una vuelta por el campo y se llevó con un chisme de esos del agua y cuando yo llegué él estaba en calzoncillos, la ropa mojada y las zapatillas de deporte en la lavadora. Yo no vi sangre porque ya las había lavado. Me dijo que había echado la navaja en una alberca al lado de casa.

»Cuando salió la noticia en televisión de que la chica había aparecido sin la falda ni las bragas, le pregunté si la había violado, pero me dijo que no. Siempre me decía lo mismo, que le había dado muchísimas puñaladas a él y a ella, pero que no la violó. De lo que sí me acuerdo es que dijo que la primera vez que la pilló fue por la espalda.

Durante su larga intervención, Yolanda sólo perdió los nervios en el momento en que habló de la posible violación. Se echó a llorar en ese preciso instante. Al parecer, lo único que le importaba en medio del horror del doble asesinato era si su marido le había sido infiel.

Toda esa información había sido rigurosamente verificada antes del juicio por los asesinatos. La testigo menor de edad que había visto a un sospechoso merodeando por el parque montado en bicicleta no tuvo problemas en reconocer a Gustavo Romero en una fotografía a pesar de los años transcurridos. Para la policía fue un verdadero rompecabezas encajar todas las piezas de ambos casos, pero finalmente pudieron establecer una cadena de hechos más o menos plausible. Tras el crimen de los novios, el asesino encontró el apoyo de su esposa Yolanda, quien, según él, le convenció de que no acudiera a la policía a entregarse y de que se marcharan a vivir a Canarias con uno de sus hermanos. Gustavo dejó Valdepeñas el 23 de junio de 1993 y pronto encontró trabajo en un hotel de Gran Canaria.

Es extraño que un asesino en serie abandone la costumbre de matar. Durante su estancia en las islas no pudo demostrarse ninguna violación ni asesinato por parte de Gustavo Romero, pero una de sus amantes canarias declaró, al poco de salir a la luz los asesinatos, que era muy violento durante el acto sexual y que por esa razón había dejado de salir con él.

Yolanda y sus hijos se reunieron con él en Canarias más de seis meses después. Allí permanecieron dos años, sometidos a las feroces palizas que les propinaba Gustavo. Regresaron a Valdepeñas dos años después y el marido se reunió con ellos a finales de 1997. No le costó mucho encontrar trabajo de cocinero en un restaurante y en un club de alterne. Nadie sospechaba de él, incluso llegó a hacerse amigo de uno de los hermanos de Sara, una de sus víctimas, y desayunaba en su bar todos los días.

El 9 de octubre de 2003, los investigadores decidieron jugárselo todo a una carta: fueron a prisión y le explicaron a Gustavo Romero que no sólo estaba detenido por malos tratos, sino por el asesinato de Ángel y Sara. Yolanda había confesado con todo lujo de detalles y habían terminado incluso por encontrar el arma homicida, la navaja con la que había dado muerte a sus víctimas.

El acusado no pudo soportar la tensión y confesó. Dijo que estaba deprimido porque necesitaba dinero para su familia, que su idea era robar a la pareja, pero que los había matado porque Sara lo reconoció. Sin embargo, todavía faltaba por resolver el segundo caso, el de Rosana. Fue entonces cuando la policía hizo una jugada magistral: le pidieron que les permitiera coger una muestra de su ADN para cotejarla con unos restos hallados en un pañuelo que habían encontrado en el lugar del crimen. Como Gustavo no había violado a Sara, no tuvo ningún problema en acceder a la petición, sin sospechar que en realidad lo que buscaba la Policía Científica era compararlo con el ADN que había aparecido en las ropas de Rosana. Al introducir el nuevo perfil en la base de datos, una coincidencia saltó y así los investigadores pudieron comprobar que el ADN hallado en las ropas de Rosana pertenecía a Gustavo Romero.

—Cuando dio la coincidencia del ADN, todavía no había sido hallado el cuerpo de la joven —dijo durante el juicio el jefe de Homicidios de Ciudad Real—. Pero comprobamos que él había estado cuando era pequeño como pastor por el lugar donde apareció la bicicleta, era conocedor de la zona y pensamos que el cuerpo de la chica no estaría lejos de la bicicleta, en algún otro pozo.

Al poner sobre la mesa las muestras de ADN que le implicaban sin ningún género de dudas en la desaparición de Rosana, el asesino se vino abajo. En su declaración del 16 de octubre de 2003 dibujó en presencia de su letrado un croquis que señalaba la localización exacta del cuerpo. Esa misma mañana, la policía llevó a Gustavo en un coche patrulla hasta el lugar donde estaba escondido el cuerpo: la noria de Casa Torres, un pozo retirado y escondido, donde se necesitaron varias horas para recuperar el cadáver.

No cabía duda, por las evidencias encontradas a su alrededor —la zapatilla pareja de la que se encontró en la mochila, la ropa que faltaba, así como un reloj de pulsera—, de que se trataba de los restos mortales de Rosana. Gustavo la había arrojado de cabeza, de manera que el cuerpo se encontraba en decúbito lateral derecho, la cabeza situada hacia el centro del pozo y las extremidades hacia el borde de la circunferencia. El análisis del ADN confirmó que se trataba del cuerpo de Rosana. Y los desgarros de las ropas y el estudio que dos patólogas forenses realizaron sobre cada hueso señalaron un detalle aún más atroz: la brutal paliza que sufrió Rosana antes de morir.

Durante el juicio quedó probado, además de la autoría de los asesinatos, la absoluta bestialidad y el sadismo del asesino. A Ángel lo acribilló a puñaladas, llegando a hundir varias veces la hoja de la navaja hasta el puño. A Sara, aunque no llegó a violarla, le introdujo el puño entero en la vagina, causándole graves heridas internas. Después la apuñaló con saña. A Rosana, antes de reducirla a puñetazos y estrangularla, la obligó a practicarle una felación, lo que hizo que la muchacha vomitara y se limpiase en sus propias ropas, lo cual explica el mal olor y el contenido de la bolsa de deporte encontrada en el río. Antes de hundirla con ayuda de una piedra, Gustavo tuvo la precaución de lavar las ropas manchadas de sus fluidos corporales, pero no pudo evitar que quedara algún resto que finalmente fue lo que permitió su identificación.

Los especialistas que estudiaron la personalidad de Gustavo Romero adujeron en la Sala que el acusado presentaba «una personalidad afectada por un trastorno antisocial de la conducta», pero que conservó en todo momento sus plenas facultades mentales. «No muestra ningún signo de arrepentimiento», había dicho tiempo atrás el alcalde de Valdepeñas, conmocionado tras hallarse al autor de los asesinatos. Finalmente, la Audiencia Provincial lo condenó a ciento tres años de prisión.

El caso de Valdepeñas es casi un clásico ejemplo de crimen perfecto. El asesino nunca hubiese sido identificado si no hubiese mediado la confesión de su esposa, que ejerció de encubridora y prácticamente de cómplice en el crimen de los novios. Sin embargo, como habían pasado más de diez años desde los hechos, el cargo de complicidad ya había prescrito. Tampoco, de no ser por la propia confesión de Romero, nunca se hubiese encontrado el cuerpo de Rosana. Tal fue la astucia con que actuó el asesino a la hora de ocultar su rastro, aprovechando que conocía los alrededores de Valdepeñas piedra por piedra.

Gustavo Romero había sido pastor de cabras desde los once años, edad en que abandonó los estudios. Era el séptimo de diez hermanos, hijos de un matrimonio mal avenido que eran conocidos como «los Pescadillas». El padre era un hombre notoriamente violento que maltrataba a toda la familia y muy especialmente a Gustavo: una marca de fábrica que, por desgracia, se quedó grabada a fuego en su memoria. Los malos tratos durante la infancia pueden acabar desembocando en un comportamiento antisocial. Ése fue exactamente el caso de Gustavo, quien no sólo ejercía la violencia en su propia familia. Una de sus cuñadas apuntó que siempre había sido un maltratador y que tenía arranques de locura.

—A mi hermano A. le pegó una paliza a traición y no lo mató de milagro —dijo la mujer—. Y a su propio hijo, con tan sólo año y medio, le reventó el ojo izquierdo y el labio de una patada una vez que lloraba porque estaba enfermo.

Sus propios hermanos llegaron a calificarlo de «monstruo», y cuando se conoció la sentencia el abogado de los Romero comunicó, en nombre de la familia del asesino, su más enérgica repulsa por los crímenes.

Gustavo Romero ya había visitado varios reformatorios a consecuencia de algunos robos cometidos en Valdepeñas antes de dar el salto al homicidio. Tenía veintiún años cuando cometió su primer asesinato y veintiséis cuando asaltó y mató a Rosana. Siguiendo la casuística comparada, un lapso de cinco años es demasiado tiempo para que un asesino en serie que se mueve por pulsiones sexuales irresistibles permanezca inactivo. Todo, no sólo su oscura psicología sino el testimonio de alguna amante, apunta a que quizá cometiera otros crímenes durante su estancia en las Canarias. Pero eso es algo que sólo sabe él. No obstante, la policía sigue cotejando las muestras de ADN de Romero para comprobar si su perfil genético aparece en ciertos casos de asesinato ocurridos en Canarias entre 1993 y 1998. Asimismo, hay al menos dos casos de mujeres asesinadas en La Mancha en los que se sospecha su participación: una niña de catorce años que apareció con el cráneo destrozado en las afueras de Campo de Criptana y una mujer que apareció muerta en la provincia de Ciudad Real con varias cuchilladas en el cuello y el vientre.

2

El perfil

Considerar el mundo como un lugar en el que hay que permanecer atento en todo momento, donde la más mínima acción o comentario puede ser causa de enfrentamiento, en el que cada persona es un potencial agresor y cada lugar un sitio hostil es uno de los rasgos más comunes entre los asesinos en serie. El mundo los oprime, los infravalora y, por supuesto, es responsable de todas sus desgracias y fracasos. Son víctimas, piensan, nada más que víctimas de una sociedad ajena y cruel.

Si a esta visión deformada de la realidad le sumamos una infancia carente de afecto y caracterizada por los abusos físicos de un padre irascible y autoritario, abusos permitidos, además, por una madre maltratada; fracaso escolar; antecedentes de pequeños robos y asaltos que concluyen en distintos períodos de internamiento en varias instituciones correccionales; y una personalidad violenta, fría y acerada, el caso de Gustavo Romero Tercero resulta casi de manual.

El perfil psicológico de Gustavo Romero evidencia un claro desprecio por las relaciones humanas sinceras y afectivas, una evidente falta de empatía y, sobre todo, un profundo resentimiento hacia los demás que materializa a través de las agresiones constantes hacia su mujer, Yolanda Sáez Alcorcón, y sus hijos. Las fantasías de poder y dominio de Gustavo Romero eran profundamente poderosas. Sentía la necesidad de imponerse en todas las situaciones posibles, siempre debía obtener lo que deseaba, y usar la violencia o la intimidación para ello no era ningún problema. Era algo justo.

Su comportamiento previo a los asesinatos de Sara y Ángel es el propio de los merodeadores. La elección del parque municipal Cervantes no fue, evidentemente, aleatoria. Era un lugar solitario y poco iluminado, un espacio ideal donde poder cometer sus actos sin interrupciones inesperadas. Los posteriores paseos en bicicleta, observando a todos los que pasaban por allí, eligiendo sus futuras víctimas y valorando la actitud de sus posibles objetivos, muestran una clara conducta acechadora.

A la dinámica que se establece entre víctima y atacante, antes, durante e incluso después del crimen, se le denomina «criminodinamia». Existen víctimas individuales o colectivas, facilitadoras —llevar abierto el bolso en el metro—, provocadoras —vestir ostentosamente en una zona conflictiva—, instigadoras, etc. La víctima no es, pues, un elemento estático, un mero mobiliario dentro de la escena del crimen. Víctima y agresor se retroalimentan, se defienen uno con relación al otro, se necesitan para que haya un crimen (salvo en los supuestos criminales de víctimas indeterminadas, como los de salud pública o seguridad del Estado), y de esa interrelación, del eventual comportamiento de la víctima durante el *iter criminis*, dependerá en muchas ocasiones la deriva de los acontecimientos. En este caso, Sara optó por la dinámica del reconocimiento personal del atacante y, si bien es cierto que establecer dicha dinámica nunca suele ser una medida acertada —el agresor puede verse en la supuesta obligación de asesinar a las víctimas—, el ensañamiento con el que actuó Gustavo descarta por completo la posibilidad de que cometiera los asesinatos para evitar ser denunciado.

La violación de Sara es una de las actuaciones más inhumanas que realizó Gustavo, un acto de una violencia desmesurada y de

Hallan los restos de una joven de Valdepeñas tras confesar el autor de otro doble asesinato

El ADN del autoinculpado coincide con muestras halladas en objetos de Rosana, desaparecida en 1998

MANUEL MARRACO
Enviado especial

VALDEPEÑAS.– Estaban a 20 metros de profundidad, en el fondo de un pozo de una casa de campo situada en el término municipal de Valdepeñas (Ciudad Real), muy cerca del Camino de la Membrilla, lugar donde probablemente Rosana Maroto Quintana paseó en bicicleta por última vez. Los restos de la joven, desaparecida el 25 de junio de 1998, fueron recuperados ayer por el Grupo Especial de Operaciones (GEO), tras cinco años de búsqueda.

Los investigadores fueron puestos de nuevo sobre la pista después de que el autor confeso del otro brutal doble asesinato (el *crimen de los novios* de 1993) reconociera que también era el responsable de la desaparición de la joven valdepeñera.

Gustavo Moreno Tercero, que la semana pasada se confesó autor del asesinato de los novios Angel Ibáñez y Sara Dotor, ocurrido también en Valdepeñas en junio de 1993, señaló exactamente el lugar donde encontrarían los restos de Rosana. Después de varias horas de trabajo, la policía pudo descubrir el cuerpo.

Tras confesarse Romero autor del doble *crimen de los novios*, los investigadores compararon su ADN con el hallado en la mochila de la joven, según ha podido saber EL MUNDO. Eran de la misma persona. Fue cuando Romero se derrumbó y reconoció ante el juzgado que lleva este caso que había secuestrado y asesinado a Rosana e indicó dónde se encontraba el cadáver.

El pozo donde fueron hallados los restos mortales de la joven valdepeñera estaba ubicado en una casa de campo situada a escasos metros del club de alterne La Rosa, donde Romero pudiera haber trabajado, en un camino cercano al kilómetro 190 de la N-IV, en una zona que, al cierre de esta edición, se encontraba acordonada.

El presunto asesino se confesó autor de las muertes de los *novios* estando ingresado en la cárcel de Herrera de la Mancha, acusado de malos tratos contra su actual pareja. La titular del Juzgado de Instrucción número 1 de Valdepeñas ha declarado secreto de sumario.

El tiempo transcurrido tras los asesinatos no había borrado en los valdepeñeros lo sucedido hace ahora un lustro y una década. Las fotos de Rosana, Sara y Angel han presidido todos estos años muchos comercios de la localidad. Ayer, sin embargo, apenas se podían encontrar en los escaparates. Justo y Carmelo defendían anoche la memoria del pueblo: «Aún se hablaba en las reuniones, en los bares. Aún la gente se preguntaba qué pasó. Fueron choques muy grandes para Valdepeñas».

En el bar Pata Negra, donde Gustavo Moreno trabajó algunos días cuando lo regentaba su hermano, el nuevo dueño sentía «alivio» por la familia de Rosana. «Podrán descansar más tranquilos», pensaba.

Pero anoche la familia no encontró descanso después de que la policía les confirmase que los restos eran de Rosana. «Están sumidos en su amargura», precisó la portavoz, «pasando su dolor en silencio. No habían perdido la esperanza de encontrar a su hija con vida, aunque fuera muy remota».

Pozo ubicado en una casa de campo abandonada donde fue encontrado el cuerpo de Rosana Maroto. / JAVI MARTÍNEZ

Cinco años, dos pistas y dos sospechosos

Rosana Maroto desapareció el 25 de junio de 1998 cuando se dirigía a una casa de campo que su familia poseía en un paraje de Valdepeñas conocido como 'El Peral'. Tenía entonces 21 años y estudiaba segundo curso de Historia del Arte en Ciudad Real.

Han pasado más de cinco años hasta que Gustavo Romero ha confesado su asesinato y ha desvelado el lugar en el que se encontraba el cadáver.

Hasta ayer, las únicas pistas eran la mochila de la joven –encontrada unos días después de su desaparición junto a algunos de sus efectos personales y atada a una piedra, presuntamente para que se hundiera en las aguas del río Jabalón– y su bicicleta, hallada en 2000 en otro pozo.

Rosana Maroto. / EFE

En estos años, la policía había centrado sus sospechas en dos hombres. Uno es el asesino de la madrileña Beatriz Agredano, a quien su mujer acusó de haber intervenido en el caso de Rosana. El otro era un joven que cumple condena por un delito de agresión sexual y robo.

Una misma mano para dos casos que conmovieron la localidad

M. M.
Enviado especial

VALDEPEÑAS.– La confesión de Gustavo Romero ha resuelto los dos casos que sacudieron Valdepeñas en 1993 y 1998 y que parecían condenados a engrosar la lista de crímenes sin resolver.

La misma mano estaba detrás del asesinato de Angel Ibáñez y su novia Sara Dotor, que aparecieron brutalmente acuchillados el 21 de junio de 1993 en lo que se conoció como el *crimen de los novios*, y de la desaparición de la joven de 21 años Rosana Maroto el 25 de junio de 1998, cinco años después.

La policía no podía sospechar que solucionaría los dos casos en tan sólo una semana cuando el pasado día 10 detuvo a Gustavo Romero. El golpe de suerte de una confidencia había permitido a los agentes localizar una navaja con restos de sangre en un pozo de una huerta. Un arma que apuntó a Romero.

En el interrogatorio, Romero confesó el doble crimen, declaración que mantuvo ante la titular del Juzgado de Instrucción número 1 de Valdepeñas, Lucía Legido. Según explicó, esa noche fatal de junio de 1993 abordó a los dos *novios* cuando éstos estaban dando un paseo por el parque. Su intención no iba más allá del robo, pero cuando Angel y Sara le reconocieron, Romero no dudó en utilizar la navaja con la que les amenazaba.

Una sospecha más apuntaba a Romero. Unos días después del *crimen de los novios* abandonó Valdepeñas. Durante varios años se dedicó a viajar y se instaló en Canarias. Sin embargo, hace unos cinco años regresó a su ciudad. Era 1998, el año en el que desapareció Rosana Maroto.

En ambos casos Interior puso todo el empeño. En uno y otro se practicaron varias detenciones, hubo movilizaciones ciudadanas y se llegaron a ofrecer recompensas de hasta 25 millones de las antiguas pesetas a quien pudiera aportar algún dato del asesino de los novios o de la desaparición de Rosana. Sin embargo, no hubo suerte hasta que una llamada consiguió que la policía hallara la navaja, y con ella, llegar a la mano del triple asesino de Valdepeñas.

Cortesía de *El Mundo* (17 de octubre de 2003).

un sadismo exacerbado en tanto que supone la cuasi evisceración de la víctima por mano propia. El cadáver de Sara presentaba diferentes cortes por todo el cuerpo y hematomas en la cara interna de los muslos, mácula típica de las violaciones que se produce ante la resistencia de la víctima a abrir las piernas, extremo que fuerza el agresor con las manos o cualquier otro medio. En todo caso, se trataba de heridas instrumentales, realizadas únicamente para asegurar el fin perseguido, como las quemaduras en las muñecas por el rozamiento de cuerda en alguien que haya resultado maniatado. No había, por tanto, rastro de heridas expresivas. Son éstas las ejecutadas sin una finalidad homicida. Realizadas en zonas no vitales, responden únicamente a las pulsiones internas del atacante, al reflejo de su ira, de su fantasía sádica o de una cópula simbólica. La ausencia de este tipo de heridas, considerando los antecedentes biográficos de Gustavo Romero y su carácter dominante y violento, implica un fuerte deseo en concentrarse sólo en el dolor infligido, en ver cumplida su venganza frente a las mujeres en particular y el mundo en general.

Gustavo se presenta en este doble asesinato como un psicópata poderoso (alta autoestima y baja ansiedad, a *contrario* del psicópata torturador), un asesino organizado que es capaz de dominar a las víctimas con sus propias manos, borrar toda huella de lo sucedido, trasladar y esconder los cadáveres y abandonar la escena del crimen. Incluso llegó a superar la llamada «Ley de Transferencia Material» de Edmund Locard, según la cual el criminal siempre deja indicios de su actividad en la escena, llevándose a su vez, ya sea en el cuerpo o en la ropa, huellas materiales del acto o del lugar en el que ha cometido la acción. Es como si entre la escena, el criminal y la víctima se produjera una suerte de ósmosis en la que todos se impregnaran de todos. Incluso el psiquismo del autor queda de algún modo reflejado en el escenario y en la propia víctima. Pero en el caso de Gustavo Romero, no había una sola huella que pudiera incriminarle.

Una vez saciadas sus ansias de dominación y sus impulsos homicidas, los depredadores suelen pasar por diversos períodos de calma que raramente superan el año. En el caso que nos ocupa, los períodos de calma difieren de los de otros asesinos con similares características por dos factores fundamentales: la relación de amistad que entabló con el hermano de Sara y la violencia gratuita que ejercía diariamente sobre su propia familia. Al encontrarse con el hermano de su víctima, Gustavo disfrutaba de un ejercicio de poder con el que revivía y prolongaba el éxtasis por el asesinato y la violación que había cometido. Por otra parte, los maltratos continuos a su mujer e hijos le permitían satisfacer sus deseos de dominación y mitigaban sus fantasías homicidas.

En el posterior asesinato de Rosana Maroto, cinco años más tarde, Gustavo no se comportó como un merodeador, sino que se sirvió de la llamada «técnica del pescador», esto es, la de aquel que, mientras realiza sus actividades cotidianas, se encuentra siempre abierto a la posibilidad de encontrar nuevas víctimas y echarles el anzuelo si se presenta la circunstancia propicia. Un camino campestre, sin apenas visibilidad, una zona apartada y solitaria, le parecieron a Gustavo una oportunidad poco menos que irrepetible.

Tras obtener nuevamente el placer a través de diferentes vejaciones, Gustavo Romero volvió a proceder como un asesino organizado y meticuloso. Sin embargo, cometió aquí el *error criminis* que terminaría por condenarle: entre la ropa de Rosana se encontraron restos orgánicos que, como luego se comprobaría, coincidían con su ADN.

Casuística comparada

El asesino del zodiaco. A finales de la década de 1960 una serie de asesinatos conmovió a la sociedad de la bahía de San Francisco. Se trataba del asesino del zodiaco, uno de los grandes criminales en serie de la historia al que nunca se consiguió identificar. Ni siquiera hoy podemos saber a ciencia cierta cuántos asesinatos cometió, y al ser uno de los grandes enigmas de la ciencia criminológica son muchas las versiones y las hipótesis alrededor de esta enigmática figura.

Su primer crimen lo cometió la noche del viernes 20 de diciembre de 1968. David Arthur Faraday, de diecisiete años, y su novia, Betty Lou Jensen, de dieciséis, se encontraban estacionados en el coche, cuando un desconocido se acercó al vehículo y disparó sobre la pareja. El 4 de julio de 1969, Marlene Ferrin, de veintidós años, y su novio Mike Mageau, de diecinueve, fallecían también en su coche y en circunstancias similares.

Conocidas por todos son las cartas que el asesino, que se llamaba a sí mismo el asesino del zodiaco, enviaba a todos los periódicos: «Me gusta matar gente porque es mucho más divertido que cazar animales salvajes en el bosque, porque el hombre es el animal más salvaje de todos. Matar a alguien es la experiencia más excitante, es aún mejor que acostarse con una chica. Y la mejor parte es que cuando me muera voy a renacer en el paraíso y todos los que he matado serán mis esclavos. No daré mi nombre porque ustedes tratarán de retrasar o detener mi vida en el más allá».

A pesar de que la policía barajó una lista de más de dos mil quinientos sospechosos, fue Arthur Leigh Allen, al que señalaban la mayoría de las pruebas, aunque nunca se le pudo acusar formalmente por falta de pruebas. Arthur Leigh Allen fue un pedófilo que estuvo entre rejas en la década de 1970, justo en la época en que el asesino del zodiaco dejó de actuar. Allen llevaba un reloj marca zodiac con el mismo símbolo con el que firmaba las cartas y una mira telescópica, y era también un gran admirador de la película *El malvado Zardoff*, citada en muchas de las cartas que el asesino del zodiaco enviaba a los medios de comunicación. Arthur Leigh Allen falleció en 1992 sin que nunca se pudiera probar que fuera el asesino del zodiaco.

3

La sentencia

Audiencia Provincial de Ciudad Real. Sección 1.ª
Sumario 1/2003.

En Ciudad Real, a veinte de abril de 2005.

Hechos probados

Por unanimidad, declaramos expresamente probados los siguientes hechos:

Primero. El procesado, G. R. T., mayor de edad y sin antecedentes penales, encontrándose el 18 de junio de 1993 en el Parque Municipal de Valdepeñas, abordó, en hora indeterminada aunque posterior a las once de la noche, a Á. I. y su novia S. D. Esgrimiendo una navaja y anunciando expresamente que pretendía robarles, colocó la punta de la navaja en el cuello de Á. I., obligándoles por ese medio a salir del parque, yendo hacia la vía férrea Madrid-Cádiz.

Segundo. El concreto lugar al que se dirigieron carecía de toda iluminación, al ser noche cerrada y estando rotas la mayoría de las bombillas de las farolas de la zona. Por otro lado, el lugar es absolutamente solitario, circunstancias de oscuridad y soledad conocidas por el acusado y propiciadas por él para facilitar la comisión de los hechos que se proponía y, sobre todo, para evitar ser reconocido por otros.

Tercero. Ya en ese lugar, G.R.T. exigió a Á. I. y a S. D. que le dieran el dinero que tuvieran, entregándole Á. I. su cartera en la confianza de que con ello terminaría el incidente sin mayores consecuencias. No obstante, el procesado, sin mediar previo aviso y de manera súbita e inesperada, comenzó a apuñalar a Á. I. con gran violencia, dirigiendo la navaja que portaba a la zona torácica, donde asestó seis puñaladas sucesivas. Una séptima herida alcanzó el cuerpo de Á. I. al nivel del flanco izquierdo. Ante estas agresiones, Á. I. intentó huir mientras G. R. T. continuaba apuñalándole, reiterando la agresión cuando la víctima, finalmente, se desplomó en el suelo.

Cuarto. S. D., que nada pudo hacer para evitar o repeler la agresión a su novio, al ver cómo se derrumbaba éste, salió huyendo en dirección a la estación de tren, siendo alcanzada por G. R. T. que, todavía a la carrera, le propinó una cuchillada en la parte posterior del cuello, cayéndose la víctima de bruces.

El procesado dio la vuelta a S. D., colocándola boca arriba, tras lo cual procedió a quitarle la falda y las bragas, rasgándole por la parte anterior la camisa, cortando con la navaja el sujetador y dejando al descubierto toda la zona anterior del cuerpo de la joven.

Inmovilizada S. D., el procesado le abrió con fuerza los muslos y, en esa situación, realizó diversos tocamientos en los pechos y la vagina de la víctima e, inmediatamente después, le introdujo la mano hasta el fondo de la vagina, cerrando el puño con violencia.

Quinto. Culminado el acto anterior, G. R. T., empuñando nuevamente la navaja, descargó una rápida sucesión de puñaladas en la zona izquierda del tórax.

Sexto. Las múltiples heridas, causadas todas en vida a Á. I. y S. D., determinaron en ambos un shock hipovolémico que ocasionó su muerte de forma prácticamente inmediata a la conclusión de la agresión de la que cada uno fue objeto.

Séptimo. El procesado, tras terminar con la vida de S. D., regresó donde había caído el cuerpo de Á. I. y lo trasladó unos metros, ocultándolo bajo una acacia silvestre que había en las inmediaciones. Del mismo modo, corrió el cuerpo de S. D. unos centímetros a fin de que el declive formado por el talud de la vía férrea impidiera su visión desde el parque.

Octavo. Al volver a su domicilio, y cuando regresó su esposa, que había salido a buscarle, le contó, a grandes rasgos, lo que había efectuado, decidiendo ausentarse de Valdepeñas, lo que hizo el día 23 de junio de 1993, marchándose a Las Palmas de Gran Canaria.

Fundamentos de derecho

Primero. Aunque pueda dudarse de que el delito de robo con intimidación fue el impulsor de la conducta del acusado o, por el contrario, constituyó el pretexto para abordar a la pareja, lo cierto es que los hechos en que se funda tal delito están plenamente probados, tanto por confesión del acusado como por la declaración de la que entonces era su mujer. Estas consideraciones conllevan la desestimación de la prescripción, invocada por la defensa, del delito de robo con intimidación de los artículos 500, 501.5

y 501 del Código Penal de 1973, en cuanto dicho delito está unido de modo inseparable e inescindible a los otros más graves que, cometidos en unidad de tiempo y lugar, también se integran en el objeto de la presente causa.

Segundo. Para establecer los hechos que se han declarado probados, en un caso en el que no existe testigo presencial alguno, este Tribunal ha seguido fundamentalmente la propia declaración del procesado realizada en el juicio, valorando igualmente las contradicciones con aquellas prestadas en el sumario, declaraciones que serán objeto de contraste con las huellas y vestigios que se han recogido y sobre los que versó la prueba pericial.

Tercero. Si bien el procesado reconoce haber dado muerte a los dos jóvenes, matiza ese reconocimiento, justificándolo por una agresión de Á. I. hacia él, y describe un acometimiento por su parte que podría calificarse de compulsivo.

Sin embargo, tales matizaciones no sólo no quedan probadas sino que la apreciación del conjunto probatorio las descarta, diseñando una realidad muy distinta.

Se descarta, así, tanto la agresión de Á. I. hacia el procesado como se descarta igualmente acto defensivo alguno por parte de S. D.

Cuarto. Estima este Tribunal que los hechos que se han considerado probados están marcados por una declaración claramente alevosa, de manera que se califican como dos delitos de asesinato previstos y penados en el artículo 406.1 del Código Penal de 1973.

Quinto. Los hechos que este Tribunal ha hallado probados denotan el ensañamiento en la muerte de las dos víctimas.

Sexto. Se ha de desestimar, en lo que a la agresión a S. D. se refiere, la calificación como violación, siendo, por el contrario, procedente la calificación como agresión sexual, consistente en «actos de contenido lúbrico impuestos a la víctima mediante la fuerza». Además, es de apreciar el subtipo agravado consistente en el «uso de medios, modo o instrumentos brutales, degradantes o vejatorios». En este delito no cabe apreciar la agravante de ensañamiento, en cuanto va embebida en los actos que constituyen el tipo cualificado.

Ha de recordarse que en el Código Penal de 1973, la violación únicamente podía cometerse mediante el «acceso carnal», de modo que únicamente la introducción del miembro viril era la acción típica que consideraba dicha legislación.

Séptimo. Concurre, en los delitos de asesinato y de agresión sexual, la agravante de despoblado del artículo 10.13 del Código Penal, la cual se da en aquellos casos en que el delincuente, de forma consciente y deliberada, busca un lugar que debilita la defensa del ofendido o facilita la impunidad del agresor.

Octavo. Los forenses concluyen, con toda seguridad, en la ausencia de toda influencia en las facultades volitivas e intelectivas.

Fallamos

Que debemos condenar y condenamos al procesado G. R. T. como autor de un delito de robo con intimidación, de dos delitos de asesinato, concurriendo las agravantes de ensañamiento y despoblado, y de agresión sexual, concurriendo la agravante de despoblado, a las siguientes penas:

1.º Por el delito de robo con intimidación, a la de cuatro años, dos meses y un día de prisión menor, con la accesoria de suspensión de empleo o cargo público y de derecho de sufragio pasivo por el tiempo de la condena principal.

2.º Por cada uno de los delitos de asesinato, a la de treinta años de reclusión mayor, con la accesoria de inhabilitación absoluta durante el tiempo de las penas principales.

3.º Por el delito de agresión sexual, a la pena de doce años de prisión mayor, con la accesoria de suspensión de empleo o cargo público y del derecho de sufragio pasivo durante el tiempo de la pena principal.

Declaramos como límite máximo de cumplimiento de las anteriores penas el de treinta años.

Absolvemos al acusado del delito de violación.

Imponemos, además, al acusado la prohibición, por tiempo de diez años, de residir o volver a la localidad de Valdepeñas.

Condenamos al acusado a indemnizar a la madre de S. D. en la cantidad de 300.000 euros, y a los padres de Á. I. en igual cantidad y en la cantidad de 12 euros más por la sustracción de que fue objeto.

Así, por esta nuestra sentencia de la que se llevará certificación al Rollo de Sala lo pronunciamos, mandamos y firmamos.

Francisco Arce
El depredador itinerante

1

Los acontecimientos

El 18 de julio de 1996, Caroline Dickinson, una adolescente británica de trece años, apareció asesinada en el cuarto del albergue juvenil de Pleine-Fougères, en la Bretaña francesa, donde veraneaba con unas amigas. La fallecida yacía en un saco de dormir sobre el suelo, entre las dos literas que compartían sus cuatro compañeras. Durante el ataque ellas no sospecharon nada, aunque oyeron gemidos y jadeos que atribuyeron a alguna pesadilla. Por la mañana una de ellas descubrió el cadáver. Tenía trozos de algodón metidos en la garganta. El cuerpo mostraba signos de violación y la autopsia reveló que la muerte se había producido por asfixia.

Unos testigos aseguraron que habían visto a un sospechoso merodeando por los alrededores la víspera del asesinato, un vagabundo con una cinta roja en el pelo y cubierto de tatuajes. Patrice Padé fue detenido y confesó el crimen tras un largo interrogatorio, pero la prueba de ADN demostró su inocencia.

El caso conmocionó a Bretaña y mantuvo en jaque a la policía durante mucho tiempo. La prensa británica no dejaba de hostigar a las autoridades francesas. Un juez instructor de la zona llegó a requerir que todos los varones entre quince y treinta y cinco años se sometieran a pruebas genéticas para contrastarlas con el esperma encontrado en la vagina de la víctima. Llegaron a realizarse casi cuatro mil pruebas, pero ninguna coincidía con la del asesino.

Aquella misma noche, en el albergue juvenil de Saint-Lunaire, a unos 50 kilómetros de Pleine-Fougères, se había producido unas horas antes otro intento de violación. Afortunadamente, las compañeras de la agredida despertaron a tiempo y el agresor emprendió la huida. Los investigadores localizaron otros ataques más o menos similares en diversos albergues juveniles de la zona entre junio y julio de ese mismo año. Poco después, en septiembre de 1996, una camarera británica fue agredida de noche en un pasillo de un hotel de Beauvoir. El agresor logró huir, pero el hombre que describió la joven se parecía bastante al retrato-robot del asesino de Caroline Dickinson.

El juez que instruía el caso decidió preguntar a todos los directores de albergues juveniles en territorio francés para que le informaran sobre incidentes parecidos ocurridos en sus establecimientos durante los últimos años. Así logró extraer una lista con más de un millar de nombres de la que seleccionó a un centenar de sospechosos. Los interrogó a todos sin dar con el auténtico asesino. A todos excepto a uno: Francisco Arce Montes.

Por aquel entonces, Francisco Arce ya contaba con un largo y tétrico historial de agresiones, detenciones y condenas por toda Europa. Pero no era un hombre fácil de cazar: nunca permanecía mucho tiempo en el mismo sitio. Nacido en Gijón, el 14 de marzo de 1951, Francisco Javier Arce Montes siempre había sido un tipo raro. No pasaban desapercibidos ni su voz atiplada, ni su extraña forma de andar, ni sus pantalones exageradamente subidos por encima de la cintura. En el barrio gijonés donde pasó su infancia y adolescencia muchos sospechaban que, en realidad, no le gustaban las mujeres. La muerte de su abuela, cuando él era muy pequeño, marcó su traumática obsesión con el sexo femenino, una obsesión que se agravaría tras los roces constantes con su herma-

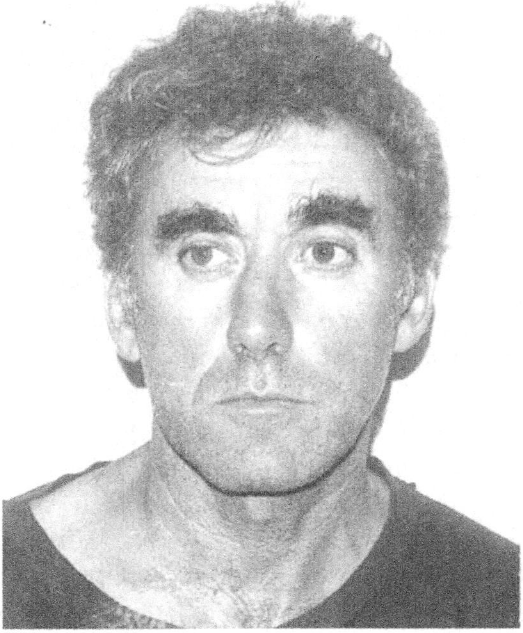

Francisco Arce.

na y su madre, a quienes Arce culpaba de todas sus desdichas posteriores.

—Me entendía bien con mi padre, pero no con mi madre, que no me quería.

Desde niño temía que lo envenenaran y desarrolló una neurosis por la higiene. Se lavaba las manos a todas horas, en ocasiones hasta veinte veces diarias, y nadie podía tocar su comida, sus cubiertos o su ropa. Él mismo lo explicó tras su detención:

— No sé cómo alguien puede pensar que yo he podido violar a nadie... Todo son mentiras de la chica de Llanes y de la policía. Yo tuve muchas novias aquí, ellas te pueden hablar de mí. La última ha sido A., y me quería mucho. Vive por La Calzada de Gijón... Si hacíamos el amor, ella sabía que se tenía que duchar antes. A veces lo hacíamos en mi coche. Ella, por mí, llevaba un bote de alcohol y algodón siempre encima, para frotarse los pechos antes de que yo la tocara y después lavarme las manos. Si no, yo no podía, era incapaz. Sabes lo escrupuloso que soy, el asco que me da la comida y otras cosas de la cárcel... Lo del algodón era muy doloroso para ella, lo sé, pero tenía que ser así.

Un compañero de la adolescencia lo describió como un joven solitario, pero con mucha labia. Otros decían que era un niño travieso, algo molesto y poco comunicativo, pero nada hacía presagiar en su conducta juvenil al monstruo en que se convertiría después. En realidad, nadie lo conocía muy bien ni tuvo mucho tiempo para conocerlo, pues Francisco abandonó Gijón muy pronto. La tienda de ultramarinos que regentaba su familia representaba un asidero económico donde refugiarse cuando andaba corto de fondos.

En 1971 ingresó en el psiquiátrico de Leganés durante la prestación del servicio militar. No tardó en escapar. Tres años después llegó la primera denuncia, por exhibicionismo, en su Gijón natal. Una mujer de la limpieza se lo encontró en la escalera de su casa, desnudo y masturbándose; lo que en aquellos tiempos se denominaba «asalto indecente» y hoy sólo es punible (el exhibicionismo) frente a menores o incapaces. En 1980 llegó una queja de la sucursal del Banco de España en Gijón, lugar en cuyos alrededores Arce mostró una conducta altamente sospechosa. La policía pensó que, más que un ladrón que planeaba un robo, se trataba de un perturbado mental. Varios informes psiquiátricos redactados algunos años antes ya advertían acerca de su «personalidad obsesiva anancástica con escrúpulos de limpieza y predominio de actos compulsivos» y de la aparición de un «síndrome depresivo y obsesivo acompañado de comportamientos esquizoides». Al parecer, la ingesta de alcohol le despertaba también instintos paranoicos.

En la década de 1970 viajó por buena parte de Europa: Reino Unido, Holanda y Alemania. Se dedicaba al negocio de automóviles, que solía comprar en Alemania y luego vender en España. Una vecina de Gijón, que trabajaba en Alemania, lo reconoció un día a bordo de un Volkswagen de color blanco. Su historial delictivo lo iba llevando a lo largo y ancho del país: una condena por exhibicionismo en Bremen (1980), otra por robo en Friburgo (1984) y una más por intento de violación a dos autoestopistas en Baden-Württemberg (1988). Es casi imposible reconstruir su vida errante más allá de las cárceles que visitó y de las matrículas de los coches que condujo. Fue expulsado de Alemania en 1990, después de cumplir dos años de prisión tras una condena de cinco por una violación que perpetró en Lörrach-Stetten.

Pero la biografía de Arce es mucho más misteriosa. En ocasiones parece guiarse por los abismos de una doble vida, al estilo del doctor Jekyll y Mr. Hyde. Por los mismos años en que desarrollaba su carrera criminal en Alemania, inició una relación con una profesora de la región de Bretaña a la que había conocido en un albergue juvenil en Holanda, en 1981. Llegó a tener un hijo con ella. La mujer fijó su residencia en Vitré, a unos 60 kilómetros de distancia del albergue donde Caroline Dickinson sería violada y asesinada. Pero como casi todo en la oscura trayectoria de Francisco Arce, su vida de pareja con esta mujer permanece emborronada entre sombras y conjeturas: un Guadiana de convivencia más o menos conyugal que se eclipsaba de vez en cuando, al mismo tiempo que Arce iniciaba sus vagabundeos a la caza de nuevas víctimas. Sólo sabemos con total certeza que la mujer se separó definitivamente de él en 1996 y que acudió a un juez que acabó fijando una pensión alimenticia. Al parecer, según declaró en el juicio por el asesinato de Dickinson, Arce nunca llegó a conocer a su hijo.

En 1983 apareció otra mancha negra en su historial: una denuncia por acoso sexual que interpuso la niñera que cuidaba al crío. Ocurrió en el pueblecito de Bourg-la-Reine, en el departamento de Altos del Sena. Diez años más tarde, en mayo de 1993, violó a una muchacha en Nancy, en el este de Francia. La joven lo reconoció tres años después gracias al retrato-robot que la policía difundió tras el caso Dickinson.

También en 1993, Y. F., directora de un albergue juvenil en Bléré, en el valle del Loira, relató que una niña de doce años tuvo un breve encuentro con Arce que bien podría haber resultado mortal. Un desconocido, muy educadamente, le pidió que lo ayudara con su automóvil. La niña le siguió de noche hasta la carretera, pero al ver el coche con el motor en marcha sospechó de inmediato y echó a correr hacia el albergue. Y. F. llamó a la policía, pero el hombre ya había desaparecido. Un año después sorprendieron al mismo tipo merodeando por el albergue y lo detuvieron. La directora del albergue asistió a un duro interrogatorio policial de tres horas y le asombró la tranquilidad absoluta de aquel individuo.

—Yo estaba muy sorprendida —declaró años después—. En mi trabajo he visto de todo, borrachos, maleducados, pero Arce parecía muy amable e inteligente. No pedía disculpas, sólo utilizaba argumentos jurídicos: «No hice nada malo, no me pueden retener». Era alguien que sabía cómo acercarse a la gente, sin molestar, sin despertar sospechas. Inspiraba confianza y eso le hacía extremadamente peligroso. No se puede imaginar cuántas tarjetas de socio de la Red Internacional de Albergues había en su cartera. Fue terrible, terrible.

La directora del albergue estaba decidida a presentar cargos con la esperanza, al menos, de asustar a Arce y alejarlo de su establecimiento para siempre. Lo acusó de intento de secuestro de una menor. Pero al día siguiente el juez la llamó para decirle que tendría que ponerlo en libertad, ya que no había pruebas contra él.

Sin embargo, Arce no parecía muy asustado. Aunque ya había sido objeto de tres investigaciones por parte de la Interpol, entre 1981 y 1989 (una de ellas por allanamiento de morada), nada salió a la luz. Poco después, en 1994, sufrió un breve arresto tras entrar en el dormitorio de unas chicas irlandesas alojadas en el castillo de La Herseire, en Croix-en-Touraine. Viajaba en una furgoneta blanca Mazda matriculada en Holanda, y los policías que lo detuvieron descubrieron que había pasado ya por varios albergues juveniles. Declaró que trabajaba en Londres de camarero y que ya había visitado el castillo el año anterior. Al no haber cargos contra él, la policía nuevamente lo dejó en libertad.

Al menos en una cosa Arce no mentía: por aquel entonces, de 1993 a 1997, había fijado su residencia en Londres, en un pequeño estudio en la zona de Earls Court. Aunque algunos de sus vecinos recordaban que, en efecto, había trabajado de camarero nada menos que en el Hilton, en el suntuoso hotel siempre se negaron a reconocer que hubiese estado entre sus empleados. Sus vecinos también recordaban que se trataba de un individuo extraño, con un carácter arisco y violento.

—Viajaba mucho, casi siempre a Escocia —dijo O., uno de sus vecinos—. Era muy raro verlo los fines de semana. Siempre estaba de aquí para allá.

O. recordaba un incidente que había tenido lugar en Wimbledon, en 1995, cuando Arce lo llevó en su furgoneta para ver juntos un partido de Conchita Martínez. Gran aficionado al tenis, Arce le dijo a su vecino que podía conseguirle un autógrafo de la jugadora española.

—Corrió gritando en español —relató O.—. Conchita se detuvo, bastante aturdida, y entonces Arce fue hacia ella y le pidió que firmara en mi boleto. Incluso los tipos de seguridad a su lado parecían confusos ante lo rápido que sucedió todo. Quiero decir que no era la mejor manera de pedir un autógrafo.

En el verano de 1994, la misma furgoneta blanca apareció en un parque de París donde Francisco Arce se había encaprichado de una niña irlandesa de catorce años. La siguió implacablemente a lo largo de doscientos kilómetros hasta el hotel del valle del Loira donde se hospedaba con sus amigas. Allí se introdujo en su habitación e intentó un asalto similar al que dos años después terminó con la vida de Dickinson:

—Yo estaba durmiendo boca abajo y, de pronto, alguien me subió el camisón hasta la cintura. Me di la vuelta y vi a ese hombre frente a mí... Empezó a hablarme suavemente, dirigiéndose a mí por mi nombre.

La irlandesa, V. J., reconoció a su agresor algún tiempo después por las fotos difundidas en la prensa tras el juicio. El asalto fracasó y Arce fue detenido, pero nuevamente, ante la falta de pruebas, lo dejaron en libertad sin cargos.

Su malsana obsesión lo llevaba de un lado a otro, en una infatigable persecución de alcobas ocupadas por bellas durmientes. Y la suerte casi siempre lo acompañaba. En julio de 1996 fue expulsado en dos ocasiones del albergue asturiano de La Font del Cai, en Poo de Llanes, tras ser sorprendido husmeando en las habitaciones donde dormían jovencitas. No fue el único rastro que dejó por esas tierras. Poco más de un año después, en el mismo Llanes, fue arrestado tras agredir a una niña con un cuchillo a la salida de una discoteca. M., un camarero del local, los siguió hasta la puerta acristalada de un bloque de pisos, donde Arce intentaba introducirla a la fuerza.

—Sus ojos daban más miedo que el cuchillo —dijo M.—. Eran unos ojos grandes y abiertos, con las venas llenas de sangre. Una mirada tranquila, pero al mismo tiempo muy agresiva. Podría haber hecho cualquier cosa.

Afortunadamente, una patrulla de policía que pasaba en ese momento oyó los gritos de la niña y acudió a reducir a Arce, que salió corriendo y luego fue capturado en un parque sin oponer la menor resistencia. Pasó dos meses en prisión acusado de tentativa de violación, pero, tras ser puesto en libertad provisional a la espera de juicio, se dio a la fuga. Antes le había dado tiempo a reclamar a su madre la parte de la herencia que creía corresponderle tras el fallecimiento de su padre ese mismo verano, unos 22.000 euros.

La historia de este escurridizo criminal, tantas veces detenido y tantas veces puesto imprudentemente en libertad, ilustra también la falta de coordinación entre las policías de diversos países europeos. Cuando Arce, gracias al dinero de la herencia paterna, dio el salto a América, su orden de busca y captura se convirtió en una cacería global. El violador errante ya conocía el nuevo continente cuando, a mediados de los años noventa, viajó a Argentina para visitar a una antigua novia. Probablemente su detención nunca hubiese sido posible de no mediar la tenacidad del padre de Dickinson, obsesionado por hacer justicia, y el celo profesional del nuevo juez de instrucción francés, F. D. Pero el elemento decisivo en su captura fue la obstinación y la buena memoria de un funcionario de Inmigración estadounidense.

El 3 de abril de 2001, Tommy Ontko se detuvo en la terminal del aeropuerto de Detroit, donde hojeó un ejemplar atrasado del dominical de *The Sunday Times* (del día 1 de abril) en el que había un artículo dedicado a la caza del asesino de Caroline Dickinson. El artículo incluía una entrevista con el juez de instrucción francés, el cual mencionaba una lista de 48 personas relacionadas con el crimen que no habían podido ser localizadas. El primero de la lista, dispuesta en orden alfabético de apellidos, era un español: Arce.

—Una campana sonó en mi cabeza —dijo Ontko—. Recordé un reportaje que había leído cinco años antes del asesinato. Me sorprendió que el asesino aún no hubiese sido detenido.

Gracias a su afición a los crucigramas, Ontko retuvo el apellido sin problemas y, cuando regresó a su oficina, lo introdujo en la base de datos del Departamento de Inmigración para comprobar si el sospechoso había cruzado la frontera de Estados Unidos. Tardó quince minutos en localizar un nombre que coincidía casi letra por letra con el que aparecía en el reportaje de *The Sunday Times*. Para evitar confusiones y no acusar al hombre equivocado, Ontko introdujo otra variable: la fecha de nacimiento. Llamó a la Interpol y al departamento de policía de Saint-Malo, en la Bretaña francesa. Ya era muy tarde, pero a través del consulado logró ponerse en contacto con la policía. Ontko comprobó que la fecha de nacimiento no coincidía, pero también se fijó en que el mismo hombre había entrado en Estados Unidos al menos en cuatro ocasiones, utilizando dos pasaportes diferentes y cambiando ligeramente su nombre y la fecha de nacimiento. También había utilizado la fecha de nacimiento real en una ocasión.

El siguiente movimiento de Ontko fue revisar si aparecía algún Arce con antecedentes penales en territorio estadounidense. Tuvo suerte y localizó a un detenido con idéntico apellido en Florida, en una cárcel de Miami Beach. Avisó a la policía local de que el detenido podría escapar si era puesto en libertad bajo fianza, y tres días después viajó a Florida para entrevistarse con los funcionarios de Inmigración en Miami.

Los cargos por los que Arce había sido detenido se correspondían con el *modus operandi* del asesino de Dickinson: había entrado de noche en un albergue juvenil, había cortado las bragas de una niña dormida y se había masturbado sobre ella. La niña no se despertó, pero a la mañana siguiente, cuando descubrió sobre su cuerpo los restos de semen, empezó a gritar, histérica. Una niña chilena alojada en el mismo albergue recordó que había visto a un hombre entrar en su dormitorio pocas noches antes. Lo volvió a ver merodeando otra vez por el lugar y avisó a un encargado de seguridad del albergue, que no tuvo dificultad en detener a Arce.

Ontko descubrió que era el mismo hombre sobre el que pesaba un largo historial delictivo, el mismo que había sido expulsado de Alemania y que había escapado de España después de ser puesto en libertad bajo fianza tras un cargo de violación. Dos días después de su llegada a Florida, el obstinado funcionario de Inmigración obtuvo los resultados de la prueba de ADN del esperma encontrado en Florida y los comparó con las muestras recogidas en la escena del asesinato de Dickinson. Coincidían en un 99 por ciento.

—Nuestros agentes en Miami me advirtieron de que parecía muy inteligente —explicó Ontko—. Conocía muy bien los entresijos del sistema judicial. Así que nos tomamos la molestia de registrar sus mentiras acerca de su identidad y antecedentes penales, de modo que si fuese puesto en libertad bajo fianza pudiéramos acusarlo por mentir al Departamento de Inmigración.

Arce fue extraditado a Francia para comparecer en el juicio por el asesinato de Caroline Dickinson ante el Tribunal de lo Criminal de Rennes. Sus abogados pidieron un aplazamiento (que no fue concedido) a causa de una anorexia que, supuestamente, le habría impedido preparar de manera adecuada su defensa. Durante los primeros días de la vista, el acusado permaneció abstraído y ausente, se negó a cooperar y obligó a la presidenta del Tribunal a leer sus declaraciones ante el juez de instrucción. Se leyeron también unas declaraciones de la madre del acusado en las que aseguraba que nunca había trabajado y que la había agredido en tres ocasiones. E. R., el único de sus conocidos que testificó en el juicio, dijo que Arce conocía todos los albergues juveniles de Europa y que se pasaba la vida persiguiendo a niñas. También intervino la madre del supuesto hijo de Arce, que contó al Tribunal que había conocido al acusado dos décadas atrás y que en 1996 (fecha del asesinato de Dickinson) pasó algún tiempo con él en la localidad de Vitré, cerca de Rennes, a unos cincuenta kilómetros al sur de Pleine-Fougères, el lugar donde fue violada y asesinada brutalmente la niña británica.

Arce se vino abajo cuando la fiscalía le preguntó por la relación con su hijo. Se quitó los cascos de traducción y se echó a llorar. Al volver a la Sala pidió perdón a todos los presentes «porque yo no soy la víctima». Dijo que no recordaba si había visto alguna vez a su hijo. En cuanto al asesinato de la niña, declaró:

—No tenía en absoluto la intención de matar a Caroline. Soy incapaz de matar a nadie. Simplemente quería agredirla sexualmente.

Ante la atenta mirada de los padres de la fallecida, confesó que aquel día, para olvidar sus problemas personales, había tomado medicamentos y whisky, un cóctel que le produjo una intensa excitación sexual. Para calmarla, había ido a un albergue de la localidad de Saint-Lunaire, de donde escapó tras ser descubierto en un forcejeo con una de las niñas dormidas. Entonces fue en coche hasta otro albergue juvenil, en Pleine-Fougères. Entró en una de las habitaciones y encontró a una chica acostada. Se tumbó a su lado, le tapó la boca y empezó a masturbarse. Arce indicó que, después de una segunda masturbación, abandonó el cuarto y se fue, pero aseguró que cuando él la dejó la joven estaba dormida y respiraba regularmente.

Varios expertos y un médico dictaminaron que Caroline había muerto asfixiada a causa de un trozo de algodón introducido en su garganta. Enfatizaron que la autopsia revelaba que el fallecimiento se había producido en unos dos minutos. Tras las pertinentes deliberaciones, los nueve miembros del jurado concluyeron que Arce había dado muerte voluntariamente a Caroline

Arce confiesa al juez que mató a una niña inglesa y violó su cadáver

- Admite que asfixió a Caroline Dickinson con algodón «para acallarla»
- El gijonés reconoce que atacó a la niña, de 13 años, en un albergue en Francia

PILAR CAMPO
OVIEDO

El gijonés Francisco Arce Montes, de 52 años, ha confesado ante un juez francés que sólo quería «callar» a la adolescente inglesa Caroline Dickinson, de 13 años, cuando le colocó una tira de algodón en la boca que le produjo la asfixia. Tras asesinarla, violó su cadáver. Según su declaración, nunca pretendió «matarla». Con esta declaración, Francisco Arce admitía por primera vez, a lo largo de la instrucción del caso, su autoría en el crimen, aunque las pruebas del ADN habían adelantado, con un 99% de probabilidades, que él era el asesino.

El gijonés, que permanece recluido en la prisión francesa de Rennes, siempre había negado su culpabilidad, pero finalmente ha decidido romper su silencio y colaborar en el esclarecimiento de las circunstancias en que se produjo el crimen, aunque alega en su defensa que no actuó premeditadamente.

OTRAS DENUNCIAS // En sus primeras manifestaciones, que ayer reproducía el periódico *The Sun*, Francisco Arce explicó ante el juez instructor que había abordado a la adolescente inglesa, que había viajado a Francia en una excursión en compañía de otras alumnas del colegio, sobre las 3.30 horas cuando dormía en un hostal. Al ser sorprendido por la víctima, decidió taparle la boca y se excedió en su acción, provocándole la muerte.

Arce fue detenido en Miami (Estados Unidos) en marzo de 2001 y posteriormente extraditado a Francia, tras ser inculpado formalmente por su presunta autoría en un delito de «homicidio voluntario de menor de 15 años, precedido, acompañado o seguido de violación», según confirmaron fuentes judiciales.

En el caso de que Arce Montes fuera declarado culpable de los hechos que se le imputan, podría llegar a ser condenado por el tribunal a cadena perpetua.

Además de la muerte de Caroline Dickinson, el gijonés está pendiente de ser juzgado por la presunta comisión de varios delitos de índole sexual denunciados en España, Alemania y Reino Unido.

Los investigadores sospechan que Arce es también responsable de una serie de ataques contra adolescentes, entre los que figura una agresión sexual denunciada en un hotel de Saint-Lunaire, sólo horas antes del asesinato de Dickinson en un albergue juvenil situado en Pleine-Fougeres.

El asturiano también dejó asuntos pendientes con la Justicia en Asturias. Los magistrados de la sección tercera de la Audiencia Provincial de Oviedo habían solicitado a las Fuerzas y Cuerpos de Seguridad su inmediata localización y puesta a disposición judicial para su ingreso en prisión por su presunta autoría en tres delitos de agresiones sexuales y una violación perpetradas en Alemania en la década de los años 80 y por el intento de violación y las amenazas a punta de cuchillo que sufrió una joven ovetense en la localidad de Llanes en 1997.

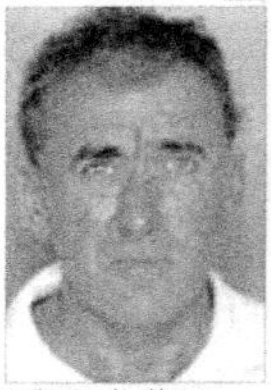

▸▸ Francisco Arce Montes.

▸▸ Caroline Dickinson.

▸▸ Reproducción de la página 'web' de 'The Sun' que recoge la confesión del asturiano.

Un largo historial delictivo que incluía órdenes internacionales de captura

▸▸ El asturiano Arce Montes tiene pendiente un juicio en Miami Beach por allanamiento de morada y conducta lasciva en Miami Beach. Su localización fue un arduo trabajo de investigación. Un oficial del Servicio de Inmigración se dio cuenta que su nombre coincidía con el que aparecía en una lista de sospechosos en Francia de la muerte de la adolescente británica Caroline Dickinson, de 13 años.

▸▸ Tras este hallazgo, comenzaron a salir a la luz una serie de denuncias por delitos sexuales en diferentes países europeos e incluso en iberoaméricanos en los que podría haber participado Francisco Arce Montes. El gijonés era buscado también en Inglaterra, Alemania y Suiza por supuestas agresiones sexuales, y tenía pendiente un juicio en la localidad asturiana de Llanes.

Cortesía de *La Voz de Asturias* (14 de febrero de 2003).

Dickinson y lo consideraron culpable del homicidio de una menor de quince con el agravante de violación.

La fiscalía reclamaba la cadena perpetua, la máxima pena en Francia, pero Arce finalmente fue condenado a treinta años de prisión. Mientras el acusado escuchaba impávido la sentencia, los padres de Dickinson recibieron el veredicto con lágrimas de alivio. «Al fin podremos reconstruir nuestra vida», declararon. La defensa se mostró satisfecha al haber logrado eludir la cadena perpetua, aunque hay muy pocas posibilidades de que Arce salga alguna vez de prisión. En caso de cumplir su condena en Francia, deberá responder por varias causas pendientes con la justicia en España, Alemania, Suiza y Estados Unidos.

Sin embargo, estamos muy lejos de saber toda la verdad acerca de este violador nómada que aterrorizó a media Europa y que fue capturado al otro lado del Atlántico gracias a los buenos reflejos de un funcionario de Inmigración. Y. F., la directora del albergue juvenil de Bléré que estuvo a punto de detener la carrera de Arce en 1993, ha expresado de forma impecable este sentir general:

—Lo más aterrador es considerar cuántas niñas, cuántas víctimas puede haber detrás de monsieur Arce. En Europa hay cientos de casos similares sin resolver. Quizá con Arce en la cárcel lleguemos a la verdad. Y eso es lo que más miedo da.

2

El perfil

Depredador itinerante organizado en unas ocasiones, desorganizado en otras, con actuaciones compulsivas y obsesivas o con comportamientos similares a los de un esquizofrénico paranoide, definir de forma precisa la personalidad de Francisco Arce es casi tan complicado como seguirle la pista por todos los países en los que fue delinquiendo sistemáticamente. De carácter reservado y taciturno, según la opinión de algunos testigos, y comunicativo según otros testimonios, lo que resulta evidente en Francisco Arce es su pulsión hacia el vagabundeo y su condición inquebrantable de violador itinerante.

Los violadores itinerantes son agresores que se desplazan a lo largo de grandes espacios geográficos en una incesante búsqueda activa de nuevas víctimas. Camioneros, comerciales, representantes, etc., en casi todos los casos —y Arce no es una excepción— tienen un trabajo que les permite moverse de un lado a otro sin levantar demasiadas sospechas. Por lo general, casi nunca proceden como los merodeadores, sino que se sirven de la «técnica del pescador», permaneciendo siempre en un continuo estado de expectación y aprovechando la más mínima oportunidad para llevar a cabo un nuevo crimen.

Partiendo de los perfiles criminológicos clásicos podemos distinguir tres clases de depredadores: locales, mixtos y los citados itinerantes. En el caso del primer y segundo tipo, dado que o bien actúan invariablemente en la misma zona —locales—, o bien se trata de depredadores itinerantes que han hallado un espacio idóneo donde lograr víctimas fáciles, estableciéndose durante un tiempo indeterminado en ese lugar —mixtos—, los investigadores pueden utilizar diversas herramientas para su detención. Una de ellas son los denominados «perfiles geográficos», a través de los cuales se fijan parámetros territoriales de la actividad de los depredadores que permiten ubicar su campo de acción y que posibilitan, de manera más o menos precisa, la previsión de sus siguientes movimientos. Kim Rossmo (EE.UU.) fue el primero en aplicar la cartografía a la investigación criminal, aunque posteriormente fue David Canter (Gran Bretaña) quien estableció el «círculo» que lleva su nombre. El círculo de Canter consiste en trazar una circunferencia que englobe a todas las víctimas, comenzando por la que esté más alejada. Se busca así el espacio de seguridad del atacante, la zona en la que, presumiblemente, vive o trabaja y donde sólo suele cometer el primero de los crímenes. Sin embargo, cuando nos encontramos ante un violador itinerante de poco sirven estas técnicas. De hecho, como sabemos, Francisco Arce actuó con total libertad a lo largo de distintos países, quedando impune de sus continuos delitos en muchas ocasiones.

Aunque hoy en día el exhibicionismo sólo es punible si se realiza en presencia de menores o ante personas discapacitadas, este tipo de actuación constituye un claro primer paso en la escalada criminal de muchos agresores sexuales. La casuística nos muestra cómo, antes de agredir a su primera víctima, todos cuentan con un nutrido historial de antecedentes penales y/o judiciales o con diferentes incidentes violentos de los que han logrado salir exentos. Las múltiples denuncias acumuladas por Francisco Arce durante las décadas de 1970 y 1980 en lugares tan distantes como Gijón o Bremen, no hacen, por tanto, sino adelantarnos su

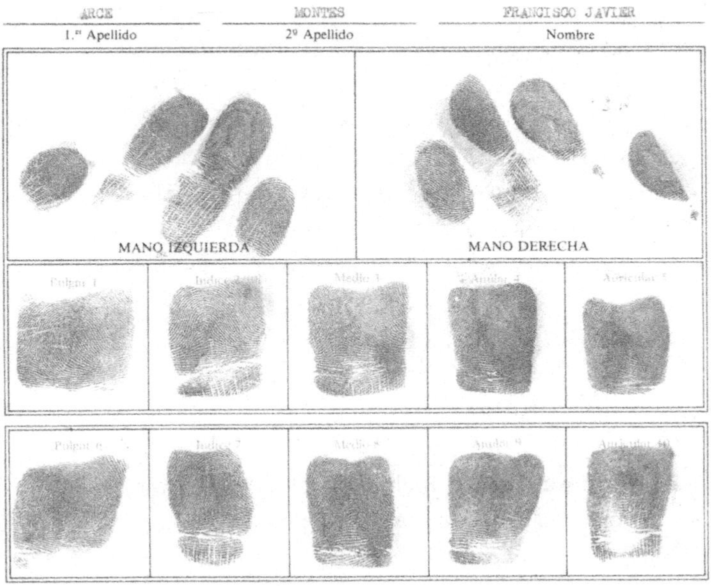

Huellas dactilares de Francisco Arce.

futuro comportamiento como violador y su obvio carácter itinerante.

Francisco sentía una profunda aversión hacia las mujeres. Como en muchos otros depredadores de esta clase, detrás de este sentimiento de repulsa y de cada una de las agresiones que llegó a consumar se halla el conocido «síndrome de la mala madre». De alguna manera, todas las víctimas encarnaban a la madre fría y desnaturalizada que, según su visión, no lo había tratado con el suficiente afecto durante su niñez. Arce percibía así a las mujeres como elementos hostiles y, más aún, como algo perteneciente a un mundo oscuro y sucio. De ahí su obsesión con la limpieza corporal de sus amantes y sus distintos desórdenes de tipo compulsivo —obligarles a frotarse los pechos con alcohol— antes de mantener cualquier relación sexual. Evidentemente, el cuadro clínico de Francisco presenta un manifiesto trastorno de inmadurez y un acusado temor al contacto con adultos. A sus ojos era mucho más puro, limpio e inocente violar a niñas, masturbarse sobre sus cuerpos o ahogarlas tras haber abusado sexualmente de ellas, como en el asesinato de la joven Caroline Dickinson. No obstante, el hecho de que Francisco Arce llegara a estar casado e incluso a tener un hijo añaden nuevos datos a una personalidad ya de por sí complicada.

Casuística comparada

Colin Pitchfork (Bristol, Inglaterra, 1961). Violó y asesinó a dos niñas de quince años. Fue el primer detenido gracias al análisis del ADN. Ante la ausencia de pistas, los investigadores decidieron recurrir a un método entonces totalmente novedoso: el análisis del código genético. El semen encontrado en una de las víctimas sirvió para crear el perfil del asesino. A continuación, las autoridades solicitaron que todos los hombres de la localidad con edades comprendidas entre los dieciséis y los treinta y cuatro años entregaran una muestra orgánica. La colaboración ciudadana fue masiva, y la solicitud de Pitchfork a un amigo para que se realizara la prueba en su nombre con la excusa de eludir unos antecedentes penales permitieron su detención y posterior condena a cadena perpetua.

Volker Eckert (Alemania, 1958). Depredador sexual itinerante. Su profesión de camionero le permitió acumular multitud de asesinatos a lo largo de distintos países europeos. Aunque se le imputarían seis crímenes, entre ellos los de cinco prostitutas, según la Oficina Europea de Coordinación Judicial (Eurojust) podría estar involucrado en al menos trece homicidios más, realizados entre

1974 y 2006. Maquillaba, rapaba la cabeza y fotografiaba a sus víctimas para colgar su retrato en la cabina del camión y en su domicilio particular. Como tantos otros agresores sexuales, asfixiaba a las mujeres con las manos o con las propias ropas de las víctimas, que luego guardaba como trofeos junto a algunos mechones de pelo. Fue detenido gracias a una euroorden de detención y entrega emitida por las autoridades españolas tras el asesinato de una prostituta búlgara en Cataluña.

Michel Fourniret (Sedán, Francia, 1942). Depredador mixto. Se calcula en una treintena los homicidios cometidos por este guarda forestal desde la década de 1980. Imputado finalmente por la violación y el asesinato de siete mujeres en territorio francés y belga entre 1987 y 2001, fue condenado a cadena perpetua el 28 de mayo de 2008, a la edad de sesenta y seis años. Su mujer, Monique Olivier, de cincuenta y nueve años, cómplice en tres de las muertes y coautora de uno de los crímenes, fue también sentenciada a perpetuidad.

3

La sentencia

El caso de Francisco Arce: breve análisis jurídico-penal

En junio de 2004, Francisco Arce Montes fue condenado en Francia como responsable de la muerte de una niña británica, a la que mató y violó en un albergue en 1996. La imposibilidad de acceder directamente a la sentencia nos impide reproducir, ni siquiera aproximadamente, los razonamientos jurídicos de la misma, si bien los datos disponibles permiten reflexionar sobre una serie de asuntos fundamentales desde un punto de vista jurídico penal.

El asesinato de la joven británica causó un gran escándalo en las opiniones públicas británica y francesa, lo que se vio acentuado por la revelación, durante el juicio, de que Arce Montes había sido detenido en la localidad asturiana de Llanes en octubre de 1997 por tentativa de violación, pero no se informó al juez de Rennes que instruía el caso y quien, como era preceptivo, le había incluido en la lista de sospechosos del llamado «caso Dickinson». Tras haber pasado varios meses en prisión provisional en España, Arce aprovechó un permiso penitenciario para fugarse a Argentina. Al margen de los interrogantes sobre la eficacia de la información y colaboración recíproca entre los respectivos órganos policiales y judiciales europeos, la investigación y posterior condena de Francisco Arce supuso un verdadero hito en la investigación jurídico-penal de los llamados delitos de sangre, sobre todo en lo que a las pruebas de ADN se refiere.

La complicada investigación llevada a cabo por las autoridades francesas necesitó de 3.700 muestras de ADN y 7.500 interrogatorios hasta que, finalmente, se señaló a Francisco Arce como principal sospechoso. Por primera vez en Francia —y casi por primera vez en Europa— un juez decidió aplicar una estrategia de pruebas genéticas sistemáticas para encontrar al culpable, lo que supone un inusual precedente en la investigación jurídico-criminal en Europa y un extraordinario impulso para la eventual aplicación criminológica del Proyecto Genoma Humano.[1] En concreto, se efectuaron pruebas de ADN a todos los habitantes masculinos de la localidad de Pleine-Fougères, donde se encontraba el albergue juvenil en el que se cometieron los hechos delictivos; asimismo, se realizaron las mencionadas pruebas a cientos de sospechosos y condenados por agresiones sexuales. Todos los análisis dieron resultado negativo aunque, a raíz de dicha investigación, se acrecentaron las peticiones para un mayor intercambio de perfiles de ADN a escala internacional y un mejor uso de la tecnología del ADN con el fin de facilitar las investigaciones diarias de la policía.

La pista de Arce Montes no volvió a aparecer hasta cinco años después del asesinato de Caroline. Fue un oficial de Inmigración de Detroit (EE.UU.) quien, al ver el nombre de Arce en el periódico *The Sunday Times*, decidió investigar, descubriendo que Francisco Arce estaba recluido en una cárcel de Florida tras ser detenido en Miami en noviembre de 2001 después de introducirse en el cuarto de una joven en un albergue. En este punto de la inves-

1. Conjunto de iniciativas internacionales para determinar la secuencia completa del genoma humano, localizando con exactitud los aproximadamente cien mil genes y el resto de material hereditario de nuestra especie.

tigación el análisis de ADN empezó a dar sus frutos, concediéndose la extradición de Arce a Francia al comprobarse, con certeza casi absoluta, que los perfiles genéticos coincidían.

El Tribunal de lo Criminal de Rennes, en el noroeste de Francia, condenó al español a treinta años de prisión, con veinte de cumplimiento obligatorio, por el asesinato y la violación de la adolescente británica Caroline Dickinson. La fiscalía había reclamado para el acusado la cadena perpetua, la máxima pena vigente en Francia, aunque el jurado popular encargado de enjuiciar los hechos desestimó finalmente la aplicación de dicha pena. El veredicto consideró a Arce Montes «culpable del delito de homicidio de menor de quince años acompañado de violación». Si bien la defensa de Arce había admitido en su alegato final el delito de violación, no fue así con respecto al de homicidio voluntario, alegando que el acusado no tenía intención de matar a la adolescente. En todo caso, el psiquiatra que examinó a Arce lo describió como «poseedor de todas las características de una actitud pedófila evidente». Asimismo, afirmó no tener ninguna evidencia de que Arce, un sujeto de inteligencia modesta, estuviese «mentalmente enfermo», pues entendía perfectamente lo que hizo: «Comprende lo que está moralmente permitido y lo que no. Con toda probabilidad, hubiese matado de nuevo».

A diferencia de nuestro país, muchos países europeos (entre ellos Francia, Bélgica, Reino Unido, Alemania o Austria) prevén en su legislación la pena de cadena perpetua revisable a partir de los treinta años de su cumplimiento. La vigente Constitución española previno a nuestra legislación de una eventual aplicación de dicha pena estableciendo en su artículo 25.2 que las penas de prisión deben estar orientadas «hacia la reeducación y reinserción social». La reinserción social del delincuente constituye así, a tenor de la mayoría de los expertos, una finalidad constitucional incuestionable. La base de dicho precepto la encontramos en la filosofía social con la que el poder constituyente quiso informar a nuestra Carta Magna. Esto significa, a grandes rasgos, que, una vez cumplida la pena, la sociedad ha de aspirar, necesariamente, a la recuperación social del condenado por execrable que haya sido el delito cometido. No obstante, es importante señalar que la reinserción social no constituye un absoluto que deba perseguirse a cualquier precio. El Tribunal Constitucional, máximo intérprete de nuestra Ley Fundamental, ha precisado que no estamos ante un derecho subjetivo que el preso pueda invocar ante los tribunales, sino ante «un mandato del poder constituyente» que orienta la política penal y penitenciaria del legislador (auto 15/1984). Al mismo tiempo, el Tribunal Constitucional interpreta que nuestra Constitución no establece, en ningún caso, que la reeducación y la reinserción social sean la única finalidad legítima de la pena privativa de libertad (sentencia 19/1988). El Estado dispone, pues, de un significativo margen de maniobra, a través del Código Penal y de la legislación penitenciaria, para decidir de qué forma y en qué momento han de aplicarse las llamadas medidas de reinserción social aunque, en este sentido, ha precisado que las decisiones judiciales sobre la aplicación de este tipo de medidas exigen «un deber reforzado de motivación por parte del juez competente» (sentencia 43/2008). Las decisiones judiciales de suspensión de la ejecución de la pena (la concesión de la libertad condicional, del tercer grado, el indulto particular o los permisos penitenciarios) exigen así un estricto deber de justificación en cada caso concreto.

En Francia, el nuevo Código Penal, en vigor desde marzo de 1994, contempla la reclusión a perpetuidad para los delitos más graves (contra la seguridad del Estado, homicidio y asesinato), dependiendo siempre de la gravedad de los hechos. Con respecto al caso que nos ocupa, la legislación francesa prohíbe cualquier reducción de la pena para los reos condenados a cadena perpetua por el homicidio o asesinato de un menor de quince años siempre que el acto delictivo esté precedido o acompañado por violación, torturas o actos de barbarie. Existen, empero, mecanismos de revisión que, en principio, permitirían la reinserción del preso condenado a perpetuidad. En Francia, los condenados tienen derecho a solicitar la libertad condicional una vez transcurrido el tiempo de seguridad mínimo establecido en cada sentencia, que en ningún caso excederá los treinta años de cumplimiento. En estos casos, será el juez competente quien aprobará o denegará la medida en función de circunstancias como la gravedad del delito cometido, el comportamiento del preso en prisión o la oportunidad de la medida. El resultado es que, paradójicamente, el cumplimiento efectivo de las penas resulta, en la mayoría de las ocasiones, más alto en España que en los países de su entorno. La razón es que el actual Código Penal prevé penas de treinta años si el reo ha sido castigado por dos o más delitos, siempre y cuando alguno de ellos tenga prevista una pena de más de veinte años (como en el caso del asesinato) o de cuarenta años si al menos dos de los delitos cometidos tienen una pena que exceda dicha duración. También se podrá castigar con cuarenta años de reclusión la comisión de dos o más delitos de terrorismo.

En todo caso, Francisco Arce tiene todavía asuntos pendientes con la justicia en varios países, entre ellos España, donde los magistrados de la Sección 3.ª de la Audiencia Provincial de Oviedo solicitaron a las fuerzas y cuerpos de seguridad del Estado su inmediata localización y puesta a disposición judicial para su ingreso en prisión por su presunta autoría en tres delitos de agresiones sexuales y una violación perpetradas en Alemania, así como por el intento de violación y las amenazas proferidas a una joven ovetense en la localidad de Llanes en 1997. Además, el acusado tiene causas pendientes en Alemania, Suiza y Estados Unidos, siempre por delitos de naturaleza sexual, lo que, en principio, garantizaría que, una vez cumplida la pena en Francia, será previsiblemente extraditado a alguno de dichos países para que responda por sus presuntos actos delictivos.

Finalmente, podemos aventurar que, de haber sido juzgado en España, la sentencia impuesta a Francisco Arce variaría dependiendo de la consideración que el juez hubiera hecho de las pruebas. Así, de estimar que la víctima hubiera muerto antes de la violación, no podría habérsele condenado por el delito de violación tipificado en el artículo 179 de nuestro Código Penal pues, como admite la jurisprudencia, «resulta indudable que uno de los elementos de la violación es que el acceso carnal tenga lugar con "persona viva"». El delito consumado de violación precisa «que la víctima esté viva, pues si el sujeto pasivo carece de voluntad por no tener vida, no puede pretenderse un actuar que doblegue una voluntad inexistente». No habría obstáculo, empero, para considerar los hechos como un delito de violación en grado de tentativa. De apreciarse esta circunstancia, existiría concurso de delitos, siendo éstos la violación en grado de tentativa, el homicidio y la profanación de cadáver (artículo 526 del Código Penal). Francisco Arce sería condenado, en este caso, como autor criminalmente responsable de un delito de asesinato del artículo 139.1 del Código Penal, con el agravante de aprovechamiento de las circunstancias de tiempo y lugar del artículo 22.2 del Código Penal, a la pena de prisión de veinte años e inhabilitación absoluta durante el tiempo de la condena; asimismo, se condenaría a Francisco Arce como autor criminalmente responsable de un delito de profanación de cadáver, penado con tres a cinco meses de reclusión.

En caso de apreciarse que la muerte se produjo durante la violación, se estimaría la concurrencia del delito de agresión sexual del artículo 179 del Código Penal, concurriendo la citada circunstancia agravante del artículo 22.2 junto con la prevista en el artículo 180.3, al tratarse la víctima de un menor de quince años, añadiéndose a la condena por asesinato la de pena de prisión de quince años e inhabilitación absoluta durante el tiempo de la misma.

Jesús Andrés Iglesias
El Francotirador

1

Los acontecimientos

Herreros de Rueda era un pequeño y tranquilo pueblo de la provincia de León que, de repente, el 9 de junio de 1996 saltó a la primera plana de la crónica negra de España. Un vecino de la localidad se asomó por la ventana, armado con una escopeta, y, sin mediar advertencia ni provocación alguna, efectuó una serie de disparos contra sus vecinos que se resolvió en una verdadera masacre. Efectivos de la Guardia Civil tuvieron que acudir para reducir al francotirador y, al acabar el tiroteo, tres víctimas inocentes, un guardia civil y el propio asesino yacían sin vida, abatidos en medio de un fatídico olor a pólvora.

Hasta el día de hoy, no están muy claros los motivos por los que Jesús Andrés Iglesias decidió sacar su escopeta de caza y disparar indiscriminadamente contra la multitud. Era un hombre solitario, de cuarenta y dos años, que apenas salía de casa. En el pueblo tenía fama de ser una persona desequilibrada, que en ocasiones había amenazado a algún vecino, pero nada hacía presagiar una explosión de furia como la que iba a teñir el pueblo de sangre. También se decía que su propia madre y un hermano habían dejado el domicilio por culpa de su carácter agresivo y violento. Jesús vivía de la cría de unas pocas reses de ganado vacuno que había vendido algún tiempo atrás. Era aficionado a la caza y disponía de una escopeta de dos cañones y de una licencia de cazador, cosa que algunos vecinos habían advertido a las autoridades.

—No se entiende cómo un perturbado mental podía tener un arma en casa —dijo un vecino después de conocer los hechos.

En Herreros de Rueda, una pedanía de la provincia de León con un censo de 43 habitantes, la mayoría de ellos jubilados, los vecinos se preparaban para la procesión del Corpus Christi. Jesús Andrés Iglesias vio a unas vecinas que arreglaban una capilla en la acera derecha de la calle Real, justo enfrente de su casa. Les preguntó si la procesión iba a pasar por allí y le contestaron que sí.

—Estáis todos locos —replicó Jesús—. ¿Y si os entran a robar en casa?

No hubo más palabras por su parte. Jesús se retiró al interior de su vivienda, donde cogió su escopeta de caza de dos cañones y una buena provisión de municiones que incluían cartuchos de cinco postas y perdigones de diversos calibres. Poco antes del mediodía, una treintena de fieles, precedidos por el sacerdote C. S., se arrodilló frente a la capilla. La calle era estrecha, una lengua de asfalto con casas rústicas a un lado y al otro, dos cubos de basura y unos pequeños huertos protegidos por vallas. De repente, en medio de la ceremonia, Jesús Andrés Iglesias se asomó por la tercera ventana del primer piso y abrió fuego.

La perdigonada alcanzó de lleno a E. M. G. D., una joven de veintitrés años a quien las postas le arrancaron el brazo izquierdo y le volaron la cabeza. A menos de siete metros, el impacto resultó necesariamente mortal. La pobre muchacha quedó tendida boca arriba sobre la calle, con los ojos abiertos, la masa encefálica desparramada sobre el suelo y una gran mancha de sangre que iba extendiéndose. La sorpresa y el miedo se entremezclaron en la

Trayectoria de los disparos.

muchedumbre, que tardó en reaccionar mientras el asesino recargaba rápidamente el arma.

La segunda víctima fue H. M., tío de E., que resultó alcanzado en la cabeza, hombro y brazo izquierdos. El anciano de setenta y tres años también quedó echado boca arriba en la acera, mientras la gente se levantaba y huía presa del pánico. Pero muchos de los presentes eran personas mayores, que se movían con dificultad, y de este modo, Jesús no tuvo problemas en apuntar en busca de su siguiente blanco. Un grupo buscó refugio en una huerta, pero la verja era muy estrecha y V. M., de setenta y dos años, tuvo problemas para pasar a causa de su volumen corporal, con lo que resultó alcanzado de lleno en la espalda con un disparo efectuado a unos diecisiete metros de distancia.

En ese momento, un vecino se acercó a preguntarle al asesino qué estaba pasando y Jesús replicó que habían sido dos hombres que habían entrado por la huerta de su casa. El sacerdote corrió a la cabina de teléfonos para avisar a la Guardia Civil, y diez minutos después dos guardias civiles se personaron frente a la casa. Uno de los agentes, avisado de la conversación que había mantenido uno de los vecinos con el francotirador poco antes, intentó convencerle de que bajara para que les ayudara a perseguir a los dos supuestos agresores.

—Id vosotros, que para eso os pagan —gritó Jesús, y volvió a meterse en el interior de su vivienda.

El agente R. D., de veintiséis años, se aproximó al lugar donde yacían las víctimas, advirtiendo al agresor que no disparara, ya que iban a auxiliar a los heridos. Pero Jesús volvió a asomarse y le disparó a bocajarro sobre el pecho. Las postas le perforaron el pecho, el mentón y el brazo izquierdo, y el agente cayó al suelo gravemente herido. El sargento P. A. V. corrió en su ayuda, sacando el arma para repeler la agresión, pero al acercarse al agente R. D. y protegerlo con su cuerpo, también fue alcanzado por un disparo en la espalda. Fue entonces, ante la gravedad de la situación, cuando el sargento herido solicitó refuerzos a la Comandancia de León.

Con tres personas abatidas, un francotirador desquiciado y dos agentes heridos —uno de ellos resguardado precariamente tras un contenedor de basura— Herreros de Rueda se había convertido en el escenario de un western sanguinario. Tras la llegada de los refuerzos, el sargento P. A. V. fue retirado y trasladado en ambulancia hasta un hospital de León. Quedó al mando el cabo F., quien se atrevió a llegar hasta donde se encontraba el agente herido para comprobar el alcance de sus lesiones. Pudo tomarle el pulso y ver que seguía vivo, pero en ese momento el asesino se asomó de nuevo a la ventana y disparó contra él. El cabo se había resguardado tras el contenedor para evitar el impacto, aunque uno de los perdigones atravesó las cubiertas de plástico y le alcanzó en un hombro.

Mientras se presentaba otra dotación del servicio de Protección a la Naturaleza, otro cabo, J. M., llamó a Jesús por su nombre y le pidió que le dejara retirar a los heridos. El francotirador respondió que hasta que no viniera el gobernador civil de ahí no se movía nadie.

—¡Están muertos, dos veces muertos! —gritó al tiempo que esgrimía su escopeta en señal de amenaza.

El cabo J. M. le advirtió de que no hiciera nada, que el gobernador civil ya estaba en camino y que él se disponía a retirar los heridos. Entonces, mientras caminaba hacia ellos, el asesino se asomó de nuevo a la ventana y descargó la escopeta contra él. El cabo F. y el agente que le cubría dispararon a su vez, repeliendo el ataque. En medio del tiroteo, el cabo F., viendo que Jesús se asomaba de nuevo y se preparaba para apuntar con su arma, le acertó de un disparo en la cabeza. El enloquecido francotirador cayó hacia atrás, al interior de la casa, dejando un reguero de sangre sobre la pared encalada.

Ante la posibilidad de que volviera a las andadas, los agentes le gritaron que arrojara la escopeta por la ventana, que le ayudarían si estaba herido, pero nadie respondió. Se escuchaban voces en el interior de la casa, y una calma mortal invadió por primera vez la calle. Después los agentes descubrieron que sólo se trataba de un aparato de radio puesto a todo volumen.

Los guardias civiles pudieron acercarse al fin hasta los cuerpos tendidos y descubrieron que tres de ellos estaban muertos. El único que seguía con vida era el agente herido, R. D., que falleció mientras lo trasladaban a la ambulancia. Los agentes intentaron entrar en la casa, pero la puerta se encontraba cerrada a cal y canto, por lo que tuvieron que valerse de una escalera para entrar por la misma ventana por donde Jesús había efectuado los disparos.

Encontraron a Jesús tendido en medio de un charco de sangre, con la escopeta todavía en la mano derecha y respirando con dificultad. Bajaron al primer piso y abrieron la puerta atrancada con cuatro cerrojos para permitir la entrada de los servicios de la Cruz Roja. Pero los médicos no pudieron hacer nada para salvar la vida del asesino, que murió poco después.

El arma homicida era una vulgar escopeta de caza, de cañones paralelos, marca Zabaleta Hermanos, de doce milímetros. Estaba cargada con sendos cartuchos, uno de cinco postas y otro de perdigones doble cero, los máximos permitidos por la ley, que resultaron de efectos devastadores para las víctimas. En el mismo trastero desde el que había efectuado los disparos, se encontraron numerosos cartuchos, percutidos y sin percutir, con perdigones de diversos calibres. Era evidente que Jesús se había pertrechado de munición suficiente para realizar una matanza. En el mismo domicilio se halló también una máquina para retacar y cerrar cartuchos, pistones, plomos de distintos calibres y pólvora, así como una licencia de cazador en regla.

Tras la orgía de sangre, a las dos de la tarde quedaban cuatro muertos, un guardia civil de pronóstico reservado y varios vecinos heridos. En toda la calle Real podían verse las huellas de los disparos de escopeta, las manchas de sangre y los cubos de basura agujereados por los perdigonazos.

En la pequeña pedanía de Herreros de Rueda nadie acertaba a explicarse lo sucedido. A. G. M., hijo de H. M. y primo de E. M. G. D. (dos de las víctimas), declaró:

—Tenía cierta animadversión hacia mi familia sin motivo aparente, no sé por qué, desde que él empezó a desequilibrarse. Porque este chico, cuando estaba bien, iba mucho a cazar con mi padre. La relación era normal y buena.

F. L., un vecino de setenta y seis años que llevaba la cruz en la procesión, dijo que, aunque se llevaba bien con él y jamás le había amenazado, el asesino era un hombre callado, arisco y maniático.

—Le faltaba un algo al hombre y yo sé que mató a los que les tenía mala reputación.

Unos vecinos apoyaban esta última versión, la de una rencorosa aversión hacia esa familia, mientras que otros, simplemente, aducían que no estaba bien de la cabeza. Pero nadie podía comprender el rapto de locura asesina que había llevado a Jesús a desencadenar una matanza.

2

El perfil

Más allá de la fascinación por las armas de fuego, las historias de ajustes de cuentas o las películas y videojuegos basados únicamente en una violencia gratuita, la verdadera motivación por la que un asesino en masa comete sus crímenes obedece a razones mucho más profundas que, en la mayoría de las ocasiones, tienen que ver con el deseo de venganza hacia un mundo que considera que le ha dado la espalda. En este sentido —vengarse de los demás y responsabilizarlos de sus propios fracasos e ineptitudes y nunca considerar que el origen del problema pueda hallarse en ellos mismos —, los asesinos en masa se asemejan bastante en este sentimiento de rechazo al entorno y distanciamiento social a los homicidas en serie. A pesar de ello, se trata casi de la única semejanza entre ambos, aparte del macabro hecho de que tanto unos como otros, asesinos en masa o en serie, llegan a sumar tres o más víctimas en su recorrido criminal.

Mientras que para el asesino en serie matar se convierte en una larga adicción de la cual no quiere (caso de los psicópatas) o no puede salir (caso de los psicóticos), la actuación del asesino en masa se localiza en una única coordenada de espacio y tiempo; en una sola acción criminal procura acabar con el mayor número posible de víctimas. No media aquí el característico período de calma del homicida en serie, como tampoco el deseo de escapar de la ley para poder repetir y perfeccionar su particular hábito homicida. Por el contrario, el asesino en masa suele tener asumida su propia muerte y obliga a que la policía le dispare o termina suicidándose una vez que piensa que ha cumplido su objetivo o que, simplemente, no puede hacer más de lo que ya ha hecho.

Existen varios subgrupos de asesinos en masa: escolares que buscan reivindicarse o lograr cierta notoriedad disparando en su centro de estudios contra todo el que se cruce en su camino; trabajadores consumidos por una profunda sensación de fracaso que imaginan una confabulación en su entorno laboral y terminan atacando a sus propios compañeros; individuos con patologías esquizoides que atentan, atrapados en un brote psicótico, contra aquellos que conviven con ellos a diario; paramilitares, es decir, francotiradores que hacen uso de armas de fuego o explosivos. Dentro de este grupo podemos encontrar desde amantes de las armas con o sin formación militar, hasta aspirantes a policías rechazados que se tornan justicieros o excombatientes curtidos en múltiples conflictos bélicos, buscadores de un reconocimiento social que nunca han obtenido por las batallas libradas y que un buen día deciden iniciar su propia guerra. De cualquier modo, aunque la casuística internacional ofrece ejemplos de asesinos en masa orientales o de color, el perfil habitual suele ser el de un individuo de raza blanca de entre treinta y cuarenta y cinco años, violento, aislado socialmente y con distintos antecedentes psiquiátricos. En el caso que nos ocupa, Jesús Andrés Iglesias cuadra perfectamente con este perfil, además de que su afición por las armas y su amplia experiencia como cazador le sitúan dentro de los asesinos de tipo paramilitar.

Un simple revés trivial, como puede ser una discusión en el colegio, haber perdido el trabajo o una pelea conyugal, es lo que hace saltar la chispa y lo que empuja al sujeto a perpetrar los crímenes. Siempre hay un detonante, por inocuo que parezca, que lleva al homicida a empuñar un arma y disparar sin hacer distin-

Un hombre mata a tiros a 4 personas en León

Jesús Andrés Iglesias, abatido por la Guardia Civil, efectuó los disparos durante la procesión del Corpus

No existía móvil, ninguna de las personas fallecidas mantenia trato con el agresor, al que en el pueblo calificaban de persona «arisca y reservada». Los vecinos de la pequeña localidad de Herreros de Rueda, próxima a Cistierna y con un censo de 43 habitantes, no acababan de creerlo. Pero los hechos, tozudos, no dejaban lugar a la duda. Allí estaban, a las dos de la tarde, cuatro muertos sobre el asfalto recalentado de la calle Real y el homicida desangrado en su domicilio, alcanzado en la cabeza por un certero disparo efectuado por un guardia civil con su pistola.

J. Sánchez. LEON

Jesús Andrés Iglesias, 41 años, agricultor, vivía de forma habitual solo. Se dice en el pueblo que la madre y otro hijo abandonaron el domicilio debido al carácter agresivo del hijo mayor. Iglesias vivía hasta hace poco de las cría de unas pocas vacas, pero las vendió y apenas salía ya de su casa.

En la mañana de ayer el homicida comprobó como unas vecinas preparaban, frente a la habitación de su casa, un altar para la procesión del Corpus Christi. Iglesias preguntó si la procesión iba a parar allí, y las mujeres le respondieron que sí. No hubo más palabras, pero es probable que a partir de entonces la enferma mente de Jesús Andrés empezara a urdir la masacre. En su casa tenía una escopeta de caza, para la que tenia licencia, y varios cartuchos de posta, ilegales pero muy comunes.

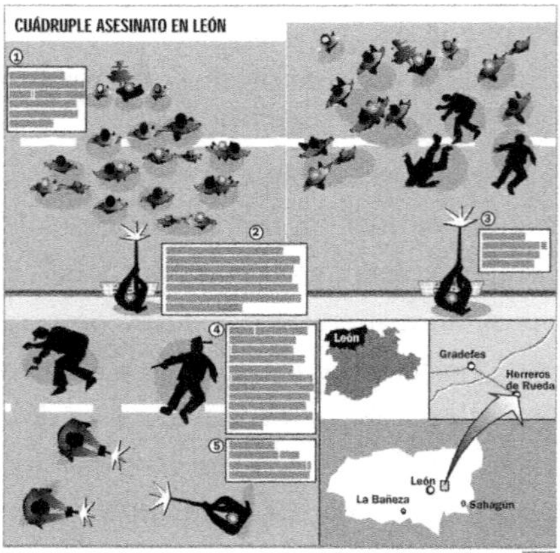

La tragedia

Poco antes del mediodía, una treintena de fieles y el cura del pueblo, Calixto Sánchez, se arrodillaban ante el altar para cumplir con una de las estaciones de la procesión. En ese momento Iglesias se asomó a una de las ventanas de su casa y disparó a bocajarro contra Eva González, de 22 años, situada en la acera más próxima a su domicilio. Al oír la detonación, el cura se volvió y vió desplomarse a Eva en medio de un charco de sangre. Inmediatamente los vecino comenzaron a correr hacia el otro lado de la calle, mientras el agresor recargaba el arma y continuaba disparando.

Durante la huida murieron otras dos personas, dos ancianos de 73 años, Herminio Martinez Carpintero y Victorino Martínez Barrientos. Sus piernas, cansadas por el trabajo y ralentizadas por la edad, no pudieron ponerles a salvo de la locura homicida de Iglesias, y sus cuerpos, rodeados de una laguna roja, quedaron tendidos al sol sobre el asfalto.

El cura, que pudo ponerse a salvo, llamó a la Guardia Civil por teléfono. Minutos después dos números del Benemérito cuerpo llegaban al pueblo y se dirigían hacia el lugar de los hechos.

El agente Rafael Díez Presa, leonés de 26 años natural de La Virgen del Camino y destinado en el cuartel de Gradefes, intentó convencer a Jesús Andrés para que depusiera su actitud y se entregara.

Pero el homicida, guiado por su cada vez más devastadora locura, replicó al requerimiento del militar apretando de nuevo el gatillo de su escopeta. Los gruesos perdigones de la posta, del tamaño de garbanzos, impactaron en bloque contra el pecho del infortunado guardia, que cayó hacia atrás convertido en un guiñapo.

El compañero de Rafael Díez, Pedro Alvarez Villacorta, al ver el estado en que quedaba el cuerpo, intentó socorrerlo, pero Jesús Andrés Iglesias intentó impedirlo disparando de nuevo.

Pedro tuvo más suerte y fue herido de gravedad. Trasladado al Hospital de León, se encuentra ya fuera de peligro, aunque el parte médico relata que tiene un neumotorax producido por las heridas de los perdigones, que entraron por su espalda y una lesión pulmonar ocasionada por la entrada de aire exterior en la cavidad de la pleura.

Refuerzos

Visto el cariz que tomaban los acontecimientos, pronto llegaron a Herreros dos agentes del Servicio de Protección de la Naturaleza y una pareja del puesto de Villalquite.

Uno de los agentes logró alcanzar con un disparo efectuado desde 80 metros con su arma reglamentaria a Jesús Andrés. A consecuencia del impacto de la bala, el asesino cayó hacia atrás, dejando una mancha de sangre sobre la encalada fachada de su casa.

Horas después el rojo reguero en la pared de la casa, y los cuerpos de las víctimas cubiertos con mantas marcaban con su presencia los puntos de una tragedia que dejó silencioso a todo un pueblo. En Herreros, ayer, no fue uno de esos tres días que relucen más que el sol.

ciones entre los potenciales objetivos. En el caso de Iglesias, el detonante pudo ser la procesión del Corpus Christi que iba a pasar justo por debajo de su casa. Al parecer, tenía miedo de que alguien le robase aprovechando la ocasión.

Las víctimas individuales de los asesinos en masa son siempre circunstanciales y elegidas al azar por el agresor dentro del grupo victimal previamente seleccionado (compañeros de instituto, de trabajo, clientes de un local determinado, asistentes a un evento, usuarios de un transporte público, etc.), guiándose en la selección de las que van siendo abatidas exclusivamente por criterios de oportunidad. El hecho de que Jesús Andrés Iglesias llegara a matar a dos miembros de la misma familia con los que había mantenido diferencias en el

Varios vecinos aseguran que sospechaban hace tiempo que «iba a pasar algo gordo»

Afirman que el homicida «estaba algo averiado» y no habría la puerta a nadie

Varios vecinos de los 43 que habitan en el pueblo de Herreros de Rueda reconocieron haber sospechado «hace tiempo que una gorda pasaría» con Jesús Andrés Iglesias, que hoy mató a cuatro personas e hirió a otra, «porque estaba algo averiado».

Efe. HERREROS DE RUEDA (LEON)

Francisco de Lucas, que encabezaba con la cruz de la parroquia de San Pelayo la procesión sobre la que disparó con una escopeta de caza Jesús Andrés Iglesias, indicó que el agresor desde hace tiempo *«era muy arisco y callado»*.

«Lo que más nos preocupaba era que, al ser así, tuviera un arma de fuego y nadie se la quitase», indicó de Lucas, quien ayer mismo discutió con Jesús Andrés Iglesias, que llegó a enfrentarse con él con una hoz en la mano. Según Francisco de Lucas, una de las peculiaridades del agresor es que, en los últimos días, *«no abría a nadie cuando llamaban a su puerta»*.

Varios vecinos, algunos de ellos familiares de los tres fallecidos, señalaron que el agresor tenía frecuentes disputas con su propios parientes, que también se encontraban en la procesión del Corpus Christi por la calle Real de Herreros de Rueda hacia la Iglesia de San Pelayo.

Los vecinos indicaron que Jesús Andrés Iglesias *«se volvió mucho más raro»* desde que su madre y su hermana abandonaron el domicilio de su propiedad, desde cuya segunda planta disparó a la gente de Herreros de Rueda.

«Estábamos todos en la procesión y de repente, al ver como caía gente muerta a nuestro alrededor, nos tuvimos que echar a correr todos, hasta el párroco», indicó una prima de Eva González y sobrina de Hermínio Martínez.

Con claros síntomas de nerviosismo esta mujer, testigo presencial de los hechos, relató cómo el cuerpo sin vida de Eva González cayó sobre su madre.

«Aquí se conocen todos y la mayoría son familiares», afirmó uno de los sobrinos de Victorino Martínez, que acudió desde un pueblo vecino hasta Herreros de Rueda, al conocer los trágicos hechos.

El cadáver de Eva González yace sobre la acera. Abajo, uno de los ancianos asesinados. FOTOS EFE

PRINCIPALES ACTOS VIOLENTOS EN EL MEDIO RURAL

Efe. MADRID

El tiroteo de Herreros de Rueda se suma a otros sucesos ocurridos en el medio rural, que causaron gran impacto en la opinión pública, como el crimen de los Galindos y el de Puerto Hurraco.

Por orden cronológico, figuran los siguientes:

22 de julio de 1975 cinco personas murieron asesinadas en el cortijo sevillano Los Galindo.

19 de noviembre de 1985 en el municipio de Pol (Lugo), Marcelino Ares mató a cuatro hombres que estaban talando unos árboles.

20 de agosto de 1987, mueren cuatro personas en una reyerta entre familias gitanas cerca de Ginzo de Limia (Orense).

1 de mayo de 1987, Paulino Sánchez, de 39 años, mató a tiros a un hombre y sus dos hijos en la localidad de La Hoya (Salamanca).

8 de marzo de 1989, el labrador Paulino Fernández mató a cuchilladas a seis personas y dos más fallecieron a consecuencia de las heridas.

27 de agosto de 1990 en Puerto Hurraco (Badajoz), Emilio y Antonio Izquierdo dispararon contra los vecinos. Siete personas resultaron muertas y ocho heridas.

21 de noviembre de 1990 en Zorita (Cáceres) Dionisio González Cerezo mató a hachazos a su mujer y a tres de sus hijos, y a continuación se suicidó.

1 de diciembre de 1990, los novilleros Lorenzo Franco, Andrés Panduro y Juan Carlos Rumbo son asesinados por tiros de escopeta en Cieza (Murcia).

26 de noviembre de 1991. María Jesús Jiménez arrojó al mar a sus cuatro hijos por un acantilado próximo a la localidad asturiana de Salinas.

Cortesía de *El Norte de Castilla* (10 de junio de 1996).

pasado, no nos desvela el móvil del crimen, ni siquiera el elemento detonante. A este respecto, cabe pensar que las víctimas se encontraban por casualidad en una mejor posición desde el punto de vista del tirador o, quizá que, decidido a cometer los crímenes, entre las distintas opciones —víctimas— que se le presentaban, todas a una distancia similar, simplemente hubiera comenzado por aquellas con las que había tenido conflictos anteriormente.

Cada vez que una tragedia como la de Herreros de Rueda conmociona nuestra sociedad, dos preguntas vienen a nuestra cabeza. ¿Cómo es posible que ocurra algo así? suele ser la primera, y basta con conocer un poco los hechos, en este caso bastaría con haber leído o visto las declaraciones de los vecinos para que nos preguntemos también: ¿cómo es posible que un hombre así tuviera licencia de armas?

Sin embargo, no podemos dejar de reconocer que los requisitos en España para obtener una licencia de armas E —la exigida para el uso de escopetas— son: carecer de antecedentes penales, practicar el deporte para el que se requiera el uso de la misma, un examen psicofísico, un examen teórico del conocimiento del arma y de la normativa de armas vigentes (Reglamento de Armas) y un examen práctico del manejo del arma. Ningún otro país de la Unión Europea exige la superación de estos exámenes.

En España se deniegan cuatro mil licencias de armas al año.

En la conferencia «Psicología y prevención de comportamientos de riesgo en personas que disponen de armas de fuego», el catedrático en prevención de riesgos en los comportamientos vitales de la Universidad de Valencia, el doctor Tortosa, afirmó que si bien es difícil configurar un perfil de las personas que aspiran a tener un arma, sí se pueden dividir en grupos de edad aquellos que aspiran o disponen ya de armas de caza.

Según el catedrático, hay tres grupos bien diferenciados en relación con la edad y con esta arma en concreto.

En el primer grupo encontramos a los mayores de sesenta años. En su mayoría provienen del medio rural y «tienen mucha experiencia con las armas de fuego» y, «aunque puedan presentar pequeños deterioros psicomotores o sensoriales, bien corregidos no tienen por qué presentar problema alguno».

El segundo grupo reuniría a los jóvenes de entre catorce y veinte años. Muchos de ellos provienen también de un medio rural, conocen el entorno, las armas y, aunque dispongan de estabilidad emocional, son más impulsivos que los otros grupos.

El tercer grupo, constituido por personas de entre veinte y cincuenta años, posee armas por tradición familiar y suelen tener hábitos cinegéticos. Los individuos que componen este grupo acostumbran a ser sujetos de carácter fuerte, poco amigos de los cambios y con una escasa capacidad autocrítica. Jesús Andrés Iglesias pertenecía a este grupo.

Según el catedrático, el modelo español para la concesión de licencias es bueno si se aplica bien, ya que en el proceso del estudio del individuo se evalúan las capacidades sensoriales, físicas y mentales y del comportamiento, sobre todo la toma de decisiones. Aunque admitió después que se deberían actualizar y ampliar los marcadores de riesgo y adecuarlos al estudio que se realiza.

Tortosa afirmó también que no todas las personas que se sirven de un arma de manera inadecuada lo hacen de manera voluntaria. En muchos de los casos desconocen los trastornos que los aquejan, que deberían anular el vigor de sus licencias de armas. Por ello insiste en la necesidad de ampliar y profundizar en los exámenes psicofísicos, así como aplicar un sistema de revisión más cercano que el vigente.

En España hay tres millones de armas de fuego y dos millones de armas sin contar las de las fuerzas y cuerpos de seguridad del Estado.

Las armas de fuego causan en España cuatrocientas muertes al año.

Casuística comparada

John Mohamed y Lee Malvo (Washington, EE.UU.). Ambos de raza negra, padre e hijastro, asesinaron a diez personas y causaron tres heridos graves en los veinte días que tardaron en detenerlos. Cabría catalogarlos dentro de la categoría de los «asesinos frenéticos», que matan en un lapso de tiempo breve (normalmente pocos días) y en distintos lugares, sin pasar por períodos de calma. Esta tipología criminal se ubica en un estadio intermedio entre el depredador en serie y el asesino en masa. Precisos en sus ataques (un disparo, una víctima), el arma que poseían, un rifle de calibre 223, les permitía actuar desde una distancia de setecientos metros. El tirador resultó ser finalmente el joven Lee Malvo, de dieciséis años. John Mohamed fue condenado a la pena de muerte y Lee Malvo a cadena perpetua.

David Berkowitz (Brooklyn, Nueva York, 1953). A los veintitrés años se compró un revólver y comenzó su carrera criminal. Entre 1976 y1977 asesinó a seis personas y consiguió herir a otras siete. Se autobautizó como «el hijo de Sam» y, como en el caso del asesino del zodiaco, escribía cartas a los medios de comunicación en un claro afán de notoriedad, proclamándose asimismo el asesino del calibre 44 o Sam el Terrible. En el verano de 1977 y después de disparar a una pareja de novios, fue identificado y lo detuvieron un mes más tarde en su cidad natal. En el juicio declaró que escuchaba la voz del diablo encarnada en el perro de su vecina, llamado Sam. El 12 junio de 1978 fue condenado a cumplir seis penas de cadena perpetua en la prisión de Attica. Actualmente cumple condena en la cárcel de Sullivan.

Se ha declarado cristiano converso y colabora con distintas asociaciones en defensa y protección de las víctimas de asesinatos.

Cho Seung-Hui (Seúl, Corea del Sur, 1984-Virginia, EE.UU., 2007). En septiembre de 1992 se trasladó a vivir a Estados Unidos, primero a Detroit, y luego viajó hasta Washington para terminar instalándose en Centreville, en el estado de Virginia. Solitario y taciturno, consumido por una aguda sensación de fracaso, en la madrugada del 16 de abril de 2007 se presentó armado en el centro donde estudiaba, el Instituto Politécnico de Virginia, y asesinó a treinta y dos estudiantes e hirió a veintiuna personas más en lo que la prensa denominó «la masacre de Virginia Tech». Antes de ser abatido por la policía se suicidó.

El día 18 de abril, dos días después de la matanza, la cadena de televisión estadounidense NBC recibió un paquete en el que confirmaba sus intenciones y propósitos, incluyendo algunas fotografías de él mismo armado hasta los dientes y en actitud de inminente ataque.

3

La sentencia

Por razones obvias (Jesús Andrés Iglesias fue abatido por disparos de agentes de la Guardia Civil), no existe sentencia o decisión judicial sobre los cuatro asesinatos perpetrados por el citado homicida. Sin embargo, las especiales circunstancias de los hechos criminales acaecidos en una pequeña pedanía de León, conocidos como «la matanza del Corpus Christi», y el hecho de que se trate del primer asesinato múltiple de un francotirador en España, exigen adentrarse en la hipótesis de qué hubiera ocurrido en el caso de no haberse producido la muerte del atacante y en los posibles resultados jurídico-penales derivados de su eventual enjuiciamiento.

A este respecto, conviene matizar que, si bien los hechos resultan en sí mismos execrables, existen, a partir de las informaciones recopiladas entre los expertos y en los medios de comunicación, algunas dudas razonables con respecto a una posible condena penal. Del relato de los hechos, y a tenor de las declaraciones de sus vecinos a los medios de comunicación en los días posteriores a la matanza, se podría deducir que el llamado «francotirador español» tenía, en el momento de cometer el crimen, sus facultades mentales perturbadas. Sabemos que Jesús Andrés Iglesias era conocido en el pueblo como «una persona desequilibrada» y que había amenazado a los vecinos en más de una ocasión, «aunque nunca había pasado a mayores». De carácter reservado y huraño, parecía obsesionado con que sus vecinos le robaran, e incluso sospechaba que estaban construyendo un túnel para entrar en su domicilio. Era también un gran tirador y, en el pasado, se le había tenido por una «buena persona», a pesar de que en los últimos años «su esquizofrenia se había agudizado» y casi no hablaba con ninguno de sus convecinos. Además, el agresor, a quien se conocía como «el loco de Herreros», era muy aficionado a la caza y disponía de licencia de armas, hecho que fue denunciado en repetidas ocasiones por los vecinos a la Guardia Civil. Asimismo, un año antes de la matanza, en 1995, Jesús Andrés Iglesias puso la música de su casa a todo volumen al paso de la procesión del Corpus Christi, y se le oyó decir públicamente que aquella era la última vez que se colocaba el altar en la puerta de su casa. Al año siguiente, como sabemos, Jesús Andrés Iglesias salió a la ventana de su domicilio armado con su escopeta de caza y mató a tres de sus vecinos y a uno de los guardias civiles que intentaban detenerle.

A falta de un examen pericial por parte de los forenses, y asumiendo como ciertos los antecedentes aquí mencionados, sí podemos, sin embargo, especular con el posible resultado de un eventual análisis psiquiátrico en sede judicial. Así, es de suponer que, de confirmarse las impresiones de sus vecinos, a Jesús Andrés Iglesias se le podría haber diagnosticado esquizofrenia paranoide, circunstancia que, en virtud del artículo 20.1 de nuestro Código Penal constituiría una eximente completa por enajenación, enfermedad o anomalía mental y, por lo tanto, causa de exención de la responsabilidad. De ser así, se le impondría la medida de seguridad de internamiento en uno de los dos únicos centros psiquiátricos penitenciarios que existen en nuestro país.

Por otra parte, existe la posibilidad de que tal circunstancia no se probase en el juicio pues, como ha recordado nuestro Tribunal Supremo de manera reiterada, «las circunstancias modificativas de la responsabilidad criminal tienen que estar tan probadas como el hecho delictivo mismo». Así, quien invoque la inimputabilidad por esta causa «deberá probarlo», pudiendo ocurrir que los médicos forenses que informaran en el juicio oral señalasen que carecían de datos suficientes que les permitieran determinar el grado de afectación de la patología diagnosticada al acusado en el momento en que se produjeron los hechos, ni su efectiva incidencia en sus facultades de querer y entender. De apreciarse dicho extremo, se procedería a enjuiciar a Jesús Andrés Iglesias, condenándosele, de probarse los hechos, por el asesinato múltiple de cuatro personas, entre ellas un agente de la autoridad, y por las lesiones causadas a otro agente, además de a varios vecinos que sufrieron heridas leves al recibir algún perdigonazo. Asimismo, se le podría condenar por la infracción del artículo 556 de nuestro Código Penal, al constar su desobediencia a las instrucciones emitidas por los agentes de la Guardia Civil que se personaron primero en el lugar de los hechos.

Finalmente, si especulamos con la duración de la pena y su efectivo cumplimiento, es de prever que, tratándose de un asesinato múltiple con cuatro víctimas y añadiendo a este hecho la posible peligrosidad del sujeto, Jesús Andrés Iglesias podría llegar a cumplir cuarenta años de prisión (máximo de condena establecida en nuestro Código Penal).

Francisca Ballesteros
La envenenadora de Melilla

1

Los acontecimientos

D., el carnicero del barrio, estaba de muy mal humor. No le gustaba nada tener que dejar su negocio para ir a reclamar personalmente una deuda. El carnicero había oído que Paquita iba a viajar lejos de Melilla, así que no le quedaba otro remedio que ir a su domicilio y reclamar el dinero antes de que se marchase. Era rara esa mujer. Recordó que no hacía mucho tiempo la había visto entrar con su hijo en la carnicería y le extrañó ver al pequeño tan desmejorado.

—Tu chaval parece que no anda bien —dijo.

—No le pasa nada —repuso Paquita—. Es sólo que no arranca a llorar por lo del padre y anda con muchos nervios.

El padre se llamaba Antonio, como el hijo, y había muerto el enero pasado, apenas cuatro meses atrás. Antonio prácticamente no había aparecido por la calle desde que cayó enfermo, en el verano de 2003. Decían que estaba muy débil y que ni siquiera podía levantarse de la cama. Cuando por fin lo llevaron al hospital, no pudieron hacer nada por él.

Los dos hijos, Sandra y Antonio, también llevaban meses sin aparecer por el colegio. Paquita culpaba a la empresa que había fumigado la cocina de los males de su familia. Pero, para el carnicero, que esa gente tuviera mala suerte no era motivo para que dejaran de pagar sus deudas.

Cuando la puerta de la casa al fin se abrió, D. pasó al interior y le recibió una vaharada de olor fétido. Parecía que allí nadie hubiese limpiado ni abierto una ventana en muchos días. El carnicero nunca había olido nada semejante a aquella angustiosa, sofocante y pútrida aglomeración de hedor. Paquita, una mujer con gafas, rolliza y tímida, le dijo que iba a buscar el dinero, y D. no pudo evitar asomarse a la habitación donde yacía la hija mayor, Sandra. Estaba echada boca arriba, con el rostro apagado y cadavérico en medio de la penumbra, las mejillas cuajadas de llagas, tan delgada que el esqueleto le despuntaba por la piel. Tenía los labios morados y la piel amarillenta. Las sábanas estaban manchadas de vómito, heces y orina. Estaba allí, de pie en el vano de la puerta, pero la niña no podía verlo porque tenía los ojos vueltos y no parecía consciente. Ni siquiera se podía mover.

—Dios mío, tienes que avisar a un médico —dijo el carnicero cuando Paquita regresó.

Ella le preguntó cuánto le debía, contó metódicamente los billetes y se los entregó.

—Pero, Paqui, ¿tú has visto cómo está tu hija?

—Sí, lleva unos cuantos días así, vomitando. Parece que algo le sentó mal.

—Habría que llamar a una ambulancia.

—Qué va a haber que llamar. Lo que pasa es que esta niña es una vaga. Se le va el día durmiendo.

Para demostrarlo, Paquita se acercó hasta su hija y le pegó dos sonoros bofetones en la cara. La muchacha no reaccionó. Estupefacto, el carnicero oyó un ruido en el cuarto de al lado y se asomó; allí descubrió a Antonio, el hermano pequeño, postrado en su cama, gimiendo de dolor. El chico intentó incorporarse y decir algo, pero las fuerzas lo abandonaron a mitad del movimiento y su cabeza se hundió otra vez en la almohada. También tenía el rostro amarillento y la boca amoratada. El carnicero se

Francisca Ballesteros. Fotografía © EFE.

estremeció al ver a aquellas criaturas desamparadas en medio de la pestilencia indescriptible y la total oscuridad. Le dijo a Paquita que él mismo llevaría a los críos al hospital en su coche.

—Te lo agradezco —respondió Paquita—, pero no hace ninguna falta, de verdad.

Al final, después de mucho insistir, logró que Paquita descolgara el auricular y avisara al servicio de urgencias. Dijo que su hija sufría de fiebre alta y depresión.

Cuando el carnicero se marchó de la casa, estaba atónito. Le parecía sencillamente increíble que aquella mujer siguiera allí, tan tranquila, mientras sus dos hijos agonizaban delante de sus ojos. ¿No oía sus lamentos? ¿No notaba aquel horrible olor? ¿Es que no veía que los críos estaban tan débiles que no podían ni ir al cuarto de baño y se habían hecho sus necesidades encima?

Poco le importaba el dinero que acababa de cobrar. Llevaba la imagen de aquellos dos niños moribundos grabada a fuego en la cabeza. Y, sobre todo, la imagen de su madre, indiferente e impasible, reinando en medio de aquel silencioso infierno doméstico.

Tras la llamada de su madre, Sandra ingresó en el servicio de urgencias del hospital Comarcal de Melilla a la una de la tarde del 4 de junio de 2004. La doctora Guerrero constató que la ropa de la paciente estaba sucia de heces y orina, a causa de una prolongada falta de higiene, y que presentaba un cuadro muy grave de insuficiencia respiratoria, shock con cianosis en extremidades inferiores, superiores y cabeza, así como edemas en las piernas e infestación por hongos en el tracto digestivo. Los médicos intentaron reanimarla, pero no pudieron hacer nada por salvar su vida. Sandra falleció a la media hora de su llegada al hospital. Las causas de su muerte fueron insuficiencia hepática y un fallo multiorgánico masivo.

Cuando su tío Ricardo se enteró de los detalles del fallecimiento, inmediatamente pensó en su otro sobrino y en su hermano Antonio. Ambos presentaban los mismos síntomas. Antonio había ingresado el 6 de octubre de 2003 en la UVI del hospital Comarcal de Melilla, pero nada pudo frenar el avance de su extraña enfermedad. Ricardo había asistido al progresivo deterioro de la salud de su hermano, sin poder hacer nada, ni siquiera convencer a su cuñada de que avisara a un médico. Paquita siempre le quitó importancia a la enfermedad. El día de Reyes no dejó que Ricardo visitara a su hermano. Seis días después, el 12 de enero de 2004, Antonio había muerto. Pero Paquita era una experta en esa clase de manipulaciones y evasivas. Siempre echaba la culpa de todo a los insecticidas con que fumigaron la cocina. También le había dicho a la abuela de los críos, un día que se presentó por sorpresa a visitarlos, que no los había ingresado porque no había suficientes camas en el hospital de Melilla.

—Es culpa de los gases de la fumigación —explicaba Paquita—. Y el dolor de haber perdido a su padre.

La abuela avisó a su hijo Ricardo del estado en que se encontraban los niños. Ricardo los visitó a diario durante semanas, incapaz de vencer la reticencia de Paquita a que los viera un médico. Su nuera no dejaba de inventarse excusas cada vez más peregrinas. Al fin avisó de que él mismo los llevaría a su médico de cabecera el día 1 de junio. Sin embargo, ese mismo día ella le envió un mensaje por el móvil diciéndole que no hacía falta, que el médico había estado en casa para examinar a sus hijos.

No era verdad. Ningún médico había visitado el domicilio recientemente. En los informes del doctor Carrión, médico de cabecera de la familia, consta que la última vez que fue atendida Sandra fue el día 12 de mayo de 2004, con un cuadro clínico de vómitos, dolor abdominal y tos. Con anterioridad, el 4 de abril de 2004, presentaba dolor de oídos.

Tres días después de aquel mensaje telefónico Sandra estaba muerta. Su madre ni siquiera advirtió a los servicios médicos del gravísimo estado en que se encontraba su otro hijo. Ante las sospechas de Ricardo y la similitud de los síntomas que presentaban ambos hermanos, el Juzgado de Instrucción número 5 ordenó que se le practicara la autopsia al cuerpo de Sandra y que sus órganos fueran llevados al Instituto de Toxicología de Sevilla para su estudio. Fue Ricardo quien logró que ingresaran al pequeño Antonio en el hospital y así logró salvarle la vida. Al día siguiente, 5 de junio, el pequeño entró en la sala de pediatría del servicio de urgencias, con un cuadro clínico similar al de su hermana, aunque no tan grave.

Ese mismo 5 de junio, ya enterado de la noticia de la muerte de Sandra, el carnicero acudió a las dependencias policiales y denunció los hechos que había presenciado el día anterior en el domicilio de Francisca Ballesteros. Es decir, el lamentable estado de abandono en que se encontraban los niños y la apatía de la madre, a la que no parecía importar mucho el sufrimiento de sus pequeños. No era el primero ni el único de los conocidos de la familia al que le sorprendía el extraño comportamiento de aquella mujer. El desinterés y la apatía de Paquita levantaban murmullos a su paso. Por ejemplo, mientras velaba el cuerpo de su hija muerta, encargó una pizza por teléfono. Dijo que tenía hambre y que, al fin y al cabo, ya no podía hacer nada por devolver la vida a Sandra.

Esa nueva muestra de sangre fría desconcertó a familiares, médicos y vecinos. Desde la muerte de su marido en enero pasado, en el barrio ya corrían chismes y rumores acerca de esa pobre familia en la que todos iban cayendo enfermos, excepto la madre, aquella gruesa mujer con la salud de hierro. Hacía meses que los niños no iban al colegio y más de un vecino había oído a Sandra gritar de noche: «¡Quiero irme con mi padre!».

En el registro policial que se llevó a cabo en el domicilio familiar se encontraron evidencias de un posible envenenamiento. En los dormitorios de los niños, sobre la mesilla de noche de cada uno de ellos, había sendas botellas de agua que contenían restos de carbimida —comercialmente conocido como Colme—, un medicamento contra el alcoholismo diluido en el agua. En los análisis que se practicaron al pequeño Antonio se detectó la presencia en sangre del activo del zolpidem y restos de bromazepam.

El primero es un potente inductor del sueño, y el segundo, una benzodiacepina de efectos hipnóticos y relajantes. En la autopsia practicada al cuerpo de Sandra también se hallaron restos de ambas sustancias.

En cambio, aunque se encontraron rastros de cianamida (principio activo de la carbimida) en el cadáver de Sandra, no se pudieron hallar rastros en Antonio. La cianamida era la única de esas sustancias que pudo haber causado un deterioro de la función hepática tan serio como para conducir a Sandra a la muerte. Al contrario que el arsénico, el cianuro o la estricnina, la cianamida es un fármaco legal que fácilmente puede convertirse en un veneno si se administra en dosis abusivas. Incluso la dosis terapéutica, ingerida de manera continua, puede causar graves daños al hígado cuando se prolonga su ingesta durante más de tres meses. El problema es que la carbimida desaparece rápidamente del organismo y es imposible detectarla veinticuatro horas después de la última toma.

Por suerte, no hubo necesidad de probar este punto. El 7 de junio de 2004 Francisca Ballesteros fue detenida y ese mismo día confesó que ella había envenenado a sus hijos. En la primera declaración que prestó, explicó con todo lujo de detalles a la policía cómo les suministraba la carbimida en dos dosis diarias, una cantidad más que suficiente para, administrada durante tiempo suficiente, provocar en el hígado lesiones similares a la de una cirrosis. Dijo que era consciente del perjuicio que dicho medicamento ocasionaba al hígado, ya que había leído en el prospecto que su ingesta reiterada podía producir la muerte. Añadió que mezclaba la carbimida con la sopa y con el agua, y que les daba unas diez gotas por la mañana y otras tantas por la tarde. Al mismo tiempo, junto con las gotas, les suministraba tres pastillas diarias de zolpidem y otros sedantes, para mantenerlos dormidos y evitar así que lloraran.

Durante su declaración, Paquita se mantuvo en todo momento fría y distante. No se conmovió, no rompió a llorar, no dijo hallarse arrepentida. Preguntada por los motivos que le habían llevado al extremo de matar ella misma a sus hijos, Paquita dijo que quería ahorrarles sufrimientos. Pero al revisar las transcripciones de esa primera declaración, puede comprobarse cómo la mujer ya incurre en graves contradicciones. En una de ellas se lee: «Dada su voluntad de suicidarse, suministraba unas pastillas a sus hijos con la finalidad de quitarles la vida ante el sufrimiento de desaparecer ella y quedarse solos en el mundo». Sin embargo, en otro punto Paquita declara que son las ganas de empezar una nueva vida las que animaron su instinto asesino: «Que ha sido ella quien administró la cianamida cálcica, zolpidem y mirtazapina tanto a su marido como a sus tres hijos con la única finalidad de quitarles la vida e iniciar una nueva etapa fuera de la ciudad de Melilla y sin cargas familiares».

Declaró también que había decidido envenenarlos porque no quería que sufrieran después de la muerte de su padre. Pero, en realidad, como ella misma dijo, Paquita había empezado a administrar veneno a sus hijos largo tiempo atrás, más o menos al mismo tiempo que decidió acabar con la vida de su marido. Con Antonio empleó el mismo método que con Sandra, sólo que la dosis de Colme que usó con él fue mayor. Necesitó unos cinco meses para matarlo.

Cuando le preguntaron por qué había decidido matar a su marido, Paquita dijo que era un alcohólico y que la maltrataba, a ella y a sus hijos. Llegó a declarar que, después de la muerte, su hija Sandra le había confesado que su padre abusaba de ella. Pero dicho testimonio no concordaba con las declaraciones de familiares y vecinos, quienes dijeron que el difunto Antonio no era un hombre dado a borracheras y que en ningún momento lo habían visto pegando o maltratando a su familia. Atestiguaron que nunca habían observado en el rostro de Paquita marcas de lesiones y que tampoco ella se había quejado con anterioridad.

Para colmo, ante el estupor de todos los presentes, Paquita admitió en su declaración otro asesinato que había negado en un primer momento: su primera hija, Florinda, falleció el día 4 de agosto de 1990 con apenas seis meses de edad. Con voz apática y mecánica, Paquita contó cómo le dieron mucho miedo los ataques epilépticos que había empezado a sufrir el bebé. Dijo que como ella era muy joven, tenía sólo veinte años, y se veía incapacitada para cuidar a una niña enferma, decidió darle Colme para evitarle más sufrimientos inútiles. Nadie podía comprender por qué, trece años después de aquella lejana muerte, la fría máquina de matar que llevaba en su interior se había puesto en marcha de nuevo.

Ante la serenidad con que la detenida exponía los hechos, sus intentos de manipulación, sus mentiras evidentes, su apatía y su ausencia de arrepentimiento, los investigadores de la policía comprendieron que se encontraban ante una mente gélida y calculadora, incapaz de mostrar piedad y de sentir el sufrimiento ajeno. Uno de esos seres conocidos por el nombre de psicópatas que había evolucionado hasta convertirse en una asesina en serie, una depredadora humana.

El juicio contra Francisca Ballesteros, acusada del asesinato de tres miembros de su familia y una tentativa de asesinato en la persona de su hijo pequeño, comenzó el 21 de septiembre de 2005, en la Ilustre Sección 7.ª de la Audiencia Provincial de Málaga en Melilla. Los enfrentamientos a las puertas de la Audiencia entre los familiares de la procesada y los abuelos de los pequeños fueron continuos desde el inicio de la sesiones y llegaron al cenit al día siguiente, 22 de septiembre, cuando tuvo que prestar declaración el pequeño Antonio, que se había salvado del envenenamiento al ingresar de urgencia en el hospital Comarcal de Melilla.

El Ministerio Fiscal pedía setenta y nueve años de cárcel por la comisión de cuatro asesinatos (uno en grado de tentativa) y una indemnización de más de 500.000.000 de euros para los familiares de las víctimas (indemnización, que, dada la demostrada insolvencia de la procesada, se declararía en suspenso, como tantas otras veces). El abogado de la defensa solicitó la libre absolución, práctica habitual en toda causa penal, a pesar de la gravedad de las acusaciones y de la confesión de culpabilidad de su cliente. El juicio duró tres días.

Durante la tensa vista oral, todo el mundo —periodistas, letrados, familiares, vecinos y curiosos en general— esperaba con ansiedad las declaraciones de la acusada. Paquita entró en la Sala, esposada y escoltada por varios agentes. Empezó a hablar lenta y pausadamente, pero su estado de ánimo variaba a cada momento, pasando desde un aplomo glacial y distante hasta una actitud esquiva e insegura. Rompió a llorar cuando le preguntaron por sus hijos y respondió con un pueril «no sé» a muchas de las preguntas del Ministerio Fiscal. Cayó en varias flagrantes contradicciones, al declarar que había envenenado a su marido primero para que dejara de beber, y luego porque la maltrataba. También dijo que, cuando ingresaron al pequeño Antonio en el hospital, pidió a los médicos que le salvaran la vida porque era lo único que tenía.

Si la defensa había planeado en algún momento el recurso a la locura o la enajenación mental transitoria, esa hipótesis se derrumbó en cuanto Paquita contó detalladamente «que era consciente del sufrimiento de sus hijos, pero que quería quitarles la vida con una medicación que en ningún momento había sido prescrita por médico alguno». Sin ningún recato, añadió que «pretendía dañarles el corazón, para que les fallara y no verles sufrir tanto». Sin embargo, el sufrimiento de su marido se alargó durante cinco meses y el de sus hijos durante ocho, una tortura insoportable y casi difícil de imaginar, convertidos, gracias a la sedación continua, en somnolientos e impotentes zombis a merced de Paquita.

Durante el juicio salió a la luz otra faceta de la vida privada de Francisca Ballesteros, una nueva muestra de su inagotable repertorio de manipulaciones y mentiras. Aparte del alcohol, de las supuestas palizas de su marido y de ahorrarles sufrimientos a sus hijos, una de las excusas que esgrimía Paquita para explicar sus atroces asesinatos era que su familia le estorbaba para empezar una nueva vida. La verdad era que en agosto de 2003 Paquita conoció en un chat de internet a Cesáreo, un tinerfeño con el que mantuvo un romance en la red. El alias de Paquita en internet era «Fogosa», una alegre viuda que aseguraba que su marido y sus hijos habían fallecido en un accidente de tráfico. Aquella macabra fantasía, por desgracia, iba a cumplirse muy pronto. Fue en ese momento, el verano de su idilio cibernético, cuando Paquita empezó a administrar el veneno a su familia.

Cesáreo declaró por videoconferencia que desconocía por completo que aquella mujer que firmaba como «Fogosa» estuviera casada y con hijos. En diciembre de 2003, cuatro meses después de su primer encuentro en la red, Paquita viajó a Tenerife para conocer personalmente a Cesáreo. Pasaron cuatro días en el hotel Agana de La Laguna y, después del primer encuentro, Cesáreo la pidió en matrimonio. Paquita accedió ilusionada, aunque le dijo que la boda debía esperar un tiempo porque tenía que regresar a Melilla para vender una propiedad.

Sólo hubo un momento en que Cesáreo llegó a dudar de la sinceridad de su prometida: fue durante una conversación telefónica en la que pudo oír cómo alguien la llamaba «mamá». Sin embargo, con una perfecta sangre fría ella atajó cualquier sospecha:

—Ella me respondió que era el hijo de unos amigos que estaba en su casa —contó Cesáreo— y que le tenía tanto cariño que la llamaba mamá.

No obstante, después del regreso de ella a Melilla, Cesáreo sintió que la relación se iba deteriorando y que Paquita le estaba «dando largas», de modo que cortó con ella. No podía saber que su prometida no sólo le había engañado respecto a su situación familiar, sino que además estaba coqueteando por internet con al menos otros dos hombres, uno de Alicante y otro de Zaragoza, quienes también declararon por videoconferencia en el juicio. Ambos testificaron que la mujer con la que mantenían relaciones cibernéticas les había dicho que era viuda y que sus hijos habían muerto en un accidente de tráfico. Ante la evidencia de esa falsedad, Paquita simplemente adujo que «todo el mundo cuenta mentiras por internet». Había, sin embargo, un escalofriante detalle verdadero: sus hijos habían muerto con quince y doce años, respectivamente. Las edades de Sandra y Antonio.

Ninguno de aquellos novios casuales sabía hasta qué punto la muerte les había rondado cerca. «Fogosa», el álter ego de Paquita, expresaba su frustración íntima al no poder escapar de su entorno familiar, sus deseos de empezar una nueva vida. Una nueva vida que, paradójicamente, pasaba por el exterminio a sangre fría de otras tres vidas más: las de su marido y sus dos hijos. Esa máscara desenvuelta, apasionada y vitalista que Paquita adoptaba en internet contrastaba fuertemente con el papel de esposa y madre abnegada que se sacrificaba día y noche cuidando de los suyos. Y debajo de ambas latía la asesina despiadada, la mujer que se había deshecho sin el menor remordimiento de un bebé a los veinte años y que ahora, trece años después, pretendía hacer otra vez borrón y cuenta nueva con el resto de su familia.

El idilio por internet iba marcando la pauta a las ansias homicidas de Paquita. Fue después de su regreso a Melilla cuando decidió incrementar la dosis de Colme para acelerar la muerte de su esposo. El día 12 de enero, Antonio falleció y el certificado médico de su muerte alude a un fracaso multiorgánico provocado por intoxicación de órganos fosforados. La autopsia posterior practicada al cadáver después de la exhumación revelaba alteraciones metabólicas cetoacidoáticas, un diagnóstico perfectamente compatible con la ingestión continuada de cianamida, aunque, debido al tiempo transcurrido, no se hallaron rastros de dicha sustancia. No importaba, porque, aparte de sus declaraciones de culpabilidad, sí se habían encontrado restos de cianamida en las botellas de agua que había en los dormitorios de sus hijos.

En la segunda sesión del juicio, el 22 de septiembre, el psiquiatra dictaminó de forma concisa y determinante que la acusada «no padecía trastornos psicóticos y estaba en pleno uso de sus facultades mentales». El perito policial confirmó las confesiones que Paquita había realizado en los momentos posteriores a su detención y puntualizó que, en su opinión, los datos sobre los supuestos malos tratos que le había infligido su difunto marido eran confusos y no concordaban con la excelente memoria y el elevado nivel intelectual de la acusada.

Tras sus declaraciones en el acto de la vista, el experto en salud mental concluyó que Francisca estaba «en pleno uso de sus facultades mentales y que tenía autonomía total para dirigir su voluntad». «Que sabía perfectamente cuáles eran las consecuencias de sus actos» y «era consciente de lo que hacía cuando echaba medicamentos en la comida de su familia». Es decir, que Paquita no sólo sabía perfectamente el daño que estaba llevando a cabo con sus acciones, sino que también sus asesinatos perseguían un fin concreto y explícito: la eliminación de sus víctimas.

Con las confesiones de culpabilidad de la acusada más el testimonio de los expertos y peritos, las pruebas de cargo contra Francisca Ballesteros eran ya abrumadoras. El tercer y último día de juicio, el 23 de septiembre, Paquita entró en la Sala con una vistosa camisa estampada y unos pantalones negros, entre los abucheos, insultos y peticiones de justicia del numeroso público que se había agolpado a las puertas de la Audiencia. Después de los informes finales de la acusación y la defensa, el Ministerio Fiscal aumentó la pena de setenta y nueve a ochenta y cuatro años de prisión, por entender que, aparte de la alevosía inherente al tipo de crimen cometido, en el asesinato de la pequeña Sandra había tenido lugar el agravante de ensañamiento, con el aumento deliberado e innecesario del sufrimiento de la víctima, que estuvo postrada en la cama durante ocho meses, a lo largo de los cuales su madre la fue envenenando poco a poco.

Es difícil imaginar la intensidad del sufrimiento de sus víctimas antes de morir, el martirio diario, la suciedad, la molestia y el mal olor de los orines y excrementos, el modo en que el tiempo se eternizaría, inacabable e inútil, entre los constantes dolores y la somnolienta fatiga inducida por los sedantes. Pero más difícil incluso es adentrarse en la mente capaz de infligir y contemplar tales torturas sin la menor compasión, sin remordimiento alguno, fría y mecánicamente. En el corazón de Francisca Ballesteros no cabía la piedad, ni una sola gota del amor que tradicionalmente se atribuye a una esposa o una madre. Que aquellas criaturas a las que administraba su ración diaria de veneno hubiesen salido de su vientre no significaba nada para ella. No tuvo el menor problema para acabar con su hija recién nacida, con su esposo de cuarenta y dos años ni con su hija de quince. Tampoco lo hubiese tenido para rematar a su hijo Antonio, que pasó trece días en el hospital, debatiéndose entre la vida y la muerte, y que luego tardó más de ocho meses en recobrar la salud.

Es imposible valorar hasta qué punto Cesáreo y los otros novios con los que mantuvo relaciones por internet pudieron haber sido nuevas víctimas de «la envenenadora de Melilla». Lo cierto es que, después de liquidar y enterrar con toda impunidad a la pequeña Florinda, su instinto asesino permaneció latente durante trece años, trece años en que parió y crió a otros dos hijos, y cum-

La envenenadora de Melilla mató también a una niña de 5 meses

- Dio al bebé el fármaco con el que acabó con su marido y con otra hija
- Francisca Ballesteros confiesa que decidió terminar con toda la familia

MELILLA.– La mujer de Melilla acusada de envenenar a su hija de 15 años y a su marido de 42 ha confesado que también envenenó a su primera hija, Florinda, que falleció cuando tenía cinco meses, en 1990, según informaron a Efe fuentes cercanas al caso.

Hasta ahora Francisca Ballesteros, de 35 años, que desde el pasado sábado se encuentra ingresada en el Centro Penitenciario de Alhaurín de la Torre (Málaga), negó en sus primeras declaraciones ante la policía y ante el juez que hubiese tenido algo que ver con el fallecimiento de su bebé.

Posteriormente ha confesado ante el juez que le suministró Colme, el fármaco para la deshabituación de los alcohólicos que presuntamente dio también a su hija Sandra, fallecida el 5 de este mes, y a su marido Antonio González Barravino, muerto en enero.

Al igual que hiciera ante la policía, Francisca ha mantenido posteriormente que su marido era un alcohólico y que la maltrataba y tenía intención de abandonarla llevándose con él a sus hijos. Esta es su justificación para el envenenamiento de todos los miembros de su familia.

También aseguró que pretendía suicidarse y no quería que sus hijos se quedaran abandonados en el mundo «porque nadie los quería e iban a estar muy solos».

Francisca Ballesteros quien, según las citadas fuentes, presenta una actitud fría y medita bien sus respuestas, asegura que actuó en todo momento sola y por iniciativa propia, y que nadie sabía nada de lo que hacía.

Está previsto que el Juzgado de Instrucción número 5, que lleva el caso, tome declaración a diversos testigos que puedan arrojar luz al caso, entre ellos tres hombres con los que Francisca mantuvo contactos a través de Internet, uno de ellos en Tenerife, con el que parece que tuvo más relación y al que incluso llegó a visitar en la isla en noviembre pasado.

Francisca Ballesteros, junto a su marido, el día de su matrimonio. / EL MUNDO

Cortesía de *El Mundo* (29 de junio de 2004).

plió abnegadamente con su papel de esposa y madre. Nunca se sabrá por qué despertó de nuevo a la luz, si fue la posibilidad de iniciar una nueva vida en otro sitio, al lado de otro hombre, la codicia por cobrar el seguro de vida de su marido o las simples ganas de matar. Nunca sabremos qué fue lo que guió sus pasos hasta la farmacia.

Tampoco se explica muy bien por qué, en un momento dado, después de la visita del carnicero, Paquita se volvió tan descuidada. Una mujer que había sido capaz de envenenar a su marido y a sus hijos, de mantenerlos durante meses como somnolientos esclavos maniatados a su voluntad mientras manipulaba a vecinos y familiares con una amplia gama de excusas y explicaciones, al final permitió que la policía hallara en su casa unas botellas con restos de agua envenenada: la prueba definitiva que podía condenarla. Entre los asesinos en serie no suele ser extraño una creencia ciega en la propia astucia, una fe en sus habilidades que es, precisamente, la que les hace confiarse y caer en errores tan burdos. Francisca se creía tan invulnerable que hasta le había comentado a algún vecino la existencia de un amante al que había conocido por internet. En la jerga técnica policial, había pasado a ser de un «asesino organizado» a uno «desorganizado».

Con la consideración de los agravantes de alevosía y ensañamiento, Francisca Ballesteros fue condenada a ochenta y cuatro años de prisión, sentencia que fue ratificada el 27 de octubre de 2006 por el Tribunal Supremo. Paquita ingresó por primera vez y como presa preventiva en la prisión de Melilla el día 9 de junio de 2004. En la actualidad cumple su condena en la prisión de Alhaurín de la Torre (Málaga).

Pero la sentencia no nos pone a salvo. No sólo por el hecho de que Paquita saldrá a la calle dentro de treinta años, posiblemente mucho antes, si tenemos en cuenta que su conducta tranquila y pacífica le permitirá disfrutar rápidamente de todos los beneficios carcelarios. La verdad es que ni los hechos ni las palabras ni las etiquetas psiquiátricas pueden adentrarnos en la oscuridad gélida del corazón humano, hacernos comprender el horror que palpita en la cabeza de esta mujer gruesa y tímida, sentada en un rincón de la cárcel. La palabra «psicópata» no explica nada ante lo monstruoso de una conducta incapaz de sentir ni el menor atisbo de piedad durante el suplicio constante e interminable de sus víctimas. A Paquita sólo se le pudieron probar tres crímenes y una tentativa de asesinato, pero muchos sospechan que, del mismo modo que había exterminado a toda su familia salvo al hijo pequeño, podía haber hecho lo mismo con todo su linaje cuando era más joven. Durante la investigación judicial se estudió la conveniencia de exhumar los cuerpos de su padre y sus hermanos, muertos también en extrañas circunstancias, pero finalmente se desechó ante la imposibilidad de encontrar rastros de veneno después de tantos años.

2

El perfil

Existen muy pocos estudios en torno a las depredadoras femeninas. La dificultad para su análisis radica en el menor porcentaje de asesinas en serie en comparación con los depredadores masculinos y en la ausencia, por tanto, de una amplia y clara tipología. Con todo, en la personalidad de Francisca Ballesteros Maravilla —y basándonos en pautas de conducta generalmente masculinas— concurren variados y complejos perfiles criminales.

Los asesinatos de su marido y de sus hijos, así como la ausencia de emociones en el *iter criminis* o desarrollo del hecho delictivo, en el transcurso de las investigaciones posteriores y en las declaraciones durante el proceso judicial, sitúan a Francisca en la categoría de los asesinos en serie. Su comportamiento sádico y cruel la convierten además en una homicida poderosa, en una asesina desalmada cuyo objetivo final no era humillar a la víctimas, como en el caso de los psicópatas torturadores, sino utilizarlas como auténticos objetos a su disposición.

A lo largo de su vida, Francisca Ballesteros se había ido construyendo un personaje casi perfecto, un papel que fue variando con el tiempo. Fue la hija obediente, la amante esposa, la madre abnegada. A ojos de sus vecinos parecía una persona entregada por completo a su familia, una mujer marcada por un destino desgraciado que se cebaba en ella arrebatándole uno tras otro a sus seres queridos. Esta imagen que Francisca trasladaba al exterior, sumada a la fuerte dependencia que creó respecto a todos cuanto la rodeaban, cuadra con el conocido «síndrome de Münchausen por poderes». El único deseo de un sujeto que presenta Münchausen por poderes consiste en sentirse necesitado y, para ello, recurre a diferentes venenos o provoca enfermedades con lo que tiene a su alcance. En el caso de Francisca fue la carbimida —medicamento contra el alcoholismo— y distintos tranquilizantes e inductores del sueño.

Consciente en todo momento de sus crímenes, el que Francisca incurriera en contradicciones durante las investigaciones y llegara a afirmar que había matado a Antonio padre para cobrar el seguro de vida, suman a su ya compleja personalidad un cuarto perfil criminal: el del asesino lucrativo o «viuda negra» que mata persiguiendo únicamente intereses económicos.

Como todos los asesinos en serie organizados, Francisca Ballesteros ejercía un férreo control sobre las víctimas y sobre la percepción que los demás tenían de ella. Sin embargo, hacia el final de su vida delictiva comenzó a descuidar sus apariencias y a perder el control de la situación. Una vecina manifestó haber escuchado gritar a una de las víctimas, permitió la entrada del carnicero en su casa, reaccionó con indiferencia ante sus preguntas respecto al estado de los niños, cometió el *error criminis* que terminaría por implicarle —olvidó eliminar los restos de carbimida en las botellas de agua de sus hijos—, etc. La única manera de entender cómo una asesina anteriormente tan meticulosa había caído en todos esos descuidos, es atenernos a su pensamiento mágico.

Entendido como una forma paradójica de «raciocinio irracional», el pensamiento mágico no es algo que se encuentre únicamente entre los depredadores. Todos tenemos un pensamiento mágico, es decir, respuestas frente a preguntas que no tienen, *a*

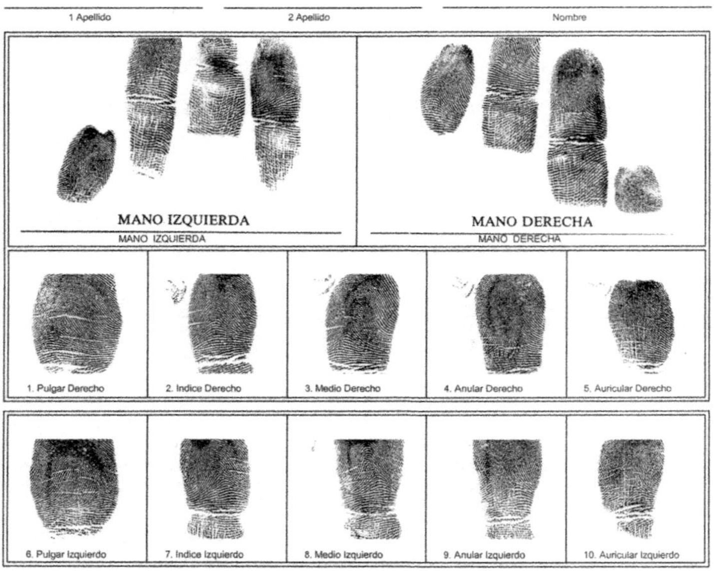

Huellas dactilares de Francisca Ballesteros.

priori, una explicación racional. En el caso de los asesinos en serie, este pensamiento se traduce en un activo mundo de fantasías (normalmente integrado por elementos violentos y pornográficos), en el que la ética o la moral, tal como las entendemos el resto de los mortales, no tienen cabida y cuyo contenido debe plasmarse en la vida real de forma absolutamente exacta a lo fantaseado. Los psicópatas severos simulan constantemente unas emociones de las que carecen, pero que precisan utilizar en la comunicación interpersonal con su entorno, siendo habitual que reproduzcan los modos de expresión emocional del resto de las personas, ocultando así a ojos de todos su oscuro y tenebroso pensamiento mágico. No obstante, éste, en ocasiones sale a relucir en el momento menos oportuno para el asesino, como le sucedió a Francisca que, abandonada a su fantasía de absoluta impunidad y a su sublimación autojustificativa, simplemente había olvidado que debía continuar fingiendo.

Casuística comparada

Belle Gunnes (Trondhjem, Noruega, 1859-Indiana, EE.UU., 1908). Hasta muy avanzado el siglo XX está considerada como una de las grandes viudas negras de la historia criminal de Estados Unidos. En 1883 se trasladó a Chicago y en 1892 se casó por primera vez con Max Sorensen, que falleció en 1900 en circunstancias nunca investigadas, dejando viuda a Belle, pero con un seguro de 100 dólares que, incrementado por la venta de la granja, le permitió abrir una humilde pensión a las afueras de la ciudad.

La pensión se incendió a los dos años de inaugurarse, y con el dinero del seguro la pobre viuda abrió una pastelería que funcionaba como un próspero negocio hasta que ardió consumida por las llamas. Con el dinero del seguro y antes de que se convirtiera en sospechosa se trasladó a Indiana.

En Indiana no tardó en volver a contraer matrimonio con un hombre llamado Peter Gunnes, que tuvo la gentileza de darle su apellido. Peter no tardó mucho en morir. Un resbalón en el jardín lo desnucó sin que se pudiera demostrar otra cosa. El seguro indemnizó a Belle, y ella empezó a publicar anuncios en los periódicos en busca de marido.

«Viuda, rica, atractiva y joven, propietaria de una granja, desea entrar en contacto con caballero acomodado, de gustos cultivados, con el objeto de contraer matrimonio.»

Es imposible saber cuántas cartas recibió, pero sabemos lo que contestó a cada uno los interesados: «Valgo un mínimo de 20.000 dólares y si usted puede traer consigo la suma de 5.000, demostrará que se toma nuestra relación en serio y podremos empezar a hablar de futuro».

Belle fue haciendo dinero y es imposible saber a cuántos pretendientes asesinó. Desgraciadamente para ella, el 28 de abril de 1908 la granja en la que vivía se incendió, y tras el incendio la policía encontró entre las cenizas cuatro cuerpos calcinados; asimismo, envueltos en mantas, hallaron, los restos troceados de otros nueve cuerpos que no se consiguieron identificar.

Marie Josephine Philippine Davaillaud (Loudun, Francia, 1896-1980). En 1928 Marie contrajo matrimonio con un vecino de su localidad llamado Léon Besnard. Al poco tiempo de la celebración se produjeron un cúmulo de fallecimientos familiares. El padre de Léon murió tras la ingesta de setas venenosas, y la madre le siguió tres meses después, por los medicamentos que le suministraron para paliar una leve pulmonía. La herencia familiar quedó en manos de Léon. No había pasado ni un año cuando falleció el padre de Marie de lo que se diagnosticó como una hemorragia cerebral. Meses después, la poca familia que le quedaba a Marie, un par de primas, fallecieron con un mes de diferencia tras la ingesta de un postre.

Poco antes de su muerte, Léon Besnard confesó a sus amigos que sospechaba que su mujer lo estaba envenenando. Ninguno de ellos se tomó en serio las sospechas de Léon, que falleció al año de sus declaraciones de lo que los médicos de la época consideraban una uremia. Ese mismo año, el 20 de febrero de 1952, Marie Besnard fue sospechosa e imputada por la fiscalía, que exhumó los cadáveres para apoyar la acusación. A pesar de las acusaciones, Marie se declaró inocente una y otra vez durante los nueve largos años que duraron los juicios, tras tres aplazamientos. El 12 de diciembre de 1961 Marie fue absuelta por falta de pruebas. Murió en 1980 a los ochenta y tres años.

3

La sentencia

Audiencia Provincial de Málaga. Sección 7.ª
Sumario n.º 1/2004

En la Ciudad Autónoma de Melilla, a 26 de septiembre de 2005

Hechos probados

Primero. La acusada, Francisca Ballesteros Maravilla, con la clara y definida intención de acabar con la vida de su hija F., de tan sólo cuatro meses de edad y a causa de conocer que ésta padecía una deficiencia psíquica y que al ser mayor sería una niña difícil, le suministró entre los días 21 de junio y 4 de agosto de 1990 dos cajas de un medicamento denominado comercialmente Colme, cuyo principio activo es la cianamida cálcica, sustancia insípida e incolora, destinada a coadyuvar en el tratamiento del alcoholismo en adultos. La acusada, que conocía los efectos que el precitado medicamento causa por un uso incorrecto o abusivo, sólo interrumpió su administración en los intervalos de internamiento hospitalario, llegando a causar su muerte el 4 de agosto de 1990, sin que la pequeña, dada su edad y absoluta dependencia materna, tuviera la menor posibilidad de defenderse o solicitar auxilio.

Segundo. En agosto de 2003, y coincidiendo con el inicio de amistades, algunas de ellas de carácter íntimo, en un chat de internet donde regularmente utilizaba el nick de «Fogosa», inicia el suministro del mismo medicamento en las comidas y bebidas que tomaban su marido A. J. e hijos S. J. y A. J. con la manifestada intención de causarles la muerte, prevaleciéndose, no sólo de la natural confianza que se deposita en una esposa o madre, sino en el propio desconocimiento que ellos tenían de la sustancia que se les estaba suministrando, indetectable a simple vista.

Francisca, deseosa de iniciar una nueva vida libre de cargas familiares y conocedora del seguro de vida que pesa sobre la hipoteca del domicilio conyugal en la persona de su marido y, habiéndose presentado a su amigo Cesáreo, como viuda a causa de un accidente de tráfico donde perdió la vida su esposo y sus dos hijos, administró a su marido A. J. una dosis mayor de Colme, consciente de que sus perniciosos efectos se verían potenciados por la ingesta de una cantidad normal de alcohol y, para asegurar sus fines y evitar que su marido tuviera la capacidad de solicitar ayuda sanitaria o dispensársela él mismo, lo acompañó con zolpidem (inductor del sueño) y bromazepam (sedante), lo que causaba en su víctima un estado de impotencia física casi absoluta y permanente.

En el proceso de paulatino deterioro físico, la acusada no requirió asistencia médica alguna, procurando, en la medida de lo posible, que nadie le viera en ese estado, llegando el caso de impedir a su cuñado Ricardo, en la festividad de Reyes del 2004, ver a su propio hermano. El día 12 de ese mismo mes Francisca reclama los servicios del 061 cuando su esposo yace muerto a causa de un fallo multiorgánico causado por la cianamida.

Tercero. Tras la muerte de su marido y con planes de boda realizados con Cesáreo, con el que ya se habían encontrado físicamente y mantenido relaciones de tipo íntimo en La Laguna, prosigue, aun sabiendo que les estaba provocando un enorme sufrimiento, con el suministro de la cianamida cálcica, el zolpidem y el bromazepam a sus dos hijos.

A S. le causó un progresivo debilitamiento que se prolongó durante ocho meses, llegando a padecer continuos vómitos, pérdidas de conciencia y capacidad de movimiento, incapacitándola para solicitar ayuda. Ante el más que evidente estado físico de su hija y la ausencia de los más elementales cuidados higiénico-sanitarios, Francisca impidió el auxilio de vecinos, amigos y familiares, desplegando para ello una variopinta colección de excusas y mentiras para justificar su negativa.

Así las cosas y ante el estado *premorten* de S., D., propietario de una carnicería del barrio que pasó por la casa de la acusada el día 4 de junio de 2004, ante el espantoso estado de la niña, ofreció a Francisca su propio vehículo para trasladar a la niña al hospital, a lo que se negó, no quedándole otra solución para no ser descubierta, que requerir la presencia de los servicios de urgencias en su casa con la simple excusa de sufrir su hija fiebre alta y depresión. Una vez en el domicilio y pese a los denodados esfuerzos del equipo médico, no se pudo hacer nada por la vida de S., que falleció poco después en el hospital a causa de una insuficiencia hepática y un fallo multiorgánico.

El propio D., al tener conocimiento del fallecimiento de S., acudió a las dependencias de la policía para denunciar los precitados hechos.

Cuarto. Del mismo modo y aun encontrándose los servicios médicos en su domicilio, la acusada no advirtió en ningún momento de que su otro hijo, A. J., padecía un cuadro médico similar, impidiendo una asistencia sanitaria rápida y, por ello, el logro de sus objetivos, que no era otro que librarse de sus cargas familiares.

A. J. pudo evitar su fallecimiento gracias a que su tío, ante la muerte de su sobrina y los síntomas de A. J., advirtió a los servicios de urgencias, produciéndose el inmediato ingreso hospitalario. Las atenciones médicas y el propio metabolismo de A. J. evitaron un fatal desenlace, precisando 259 días para curar sus lesiones, de los cuales trece estuvo hospitalizado.

Fundamentos de derecho

Primero. Los hechos declarados probados son constitutivos, a juicio de este Tribunal, de cuatro delitos de asesinato del artículo 139 del Código Penal vigente.

Segundo. La acusada responde en concepto de autor de los siguientes delitos:

a) un delito de asesinato con alevosía y ensañamiento de los artículos 138, 139.1 y 3 del Código Penal, todos ellos en relación con el artículos 140 del mismo cuerpo legal, en la persona de su hija S.;
b) un delito de asesinato con alevosía y ensañamiento de los artículos 138, 139.1 del Código Penal en la persona de A. J., menor de edad e hijo de la acusada; el delito imputado lo es en grado de tentativa, conforme al artículo 16.1 del Código Penal;
c) un delito de asesinato con alevosía en la persona de A. J., esposo de la acusada, previsto y penado en los artículos 138 y 139.1 del vigente Código Penal;
d) un delito de asesinato con alevosía en la persona de F. J., primogénita de la acusada, previsto y penado en los artículos 138 y 139.1 del vigente Código Penal. Esta Sala llega al pleno convencimiento de la autoría de esta muerte que viene acreditada

a través de una prueba indirecta o derivada de indicios suficientes a juicio de este Tribunal.

Tercero. En la comisión de los hechos delictivos relatados no ha concurrido circunstancia atenuante de la responsabilidad criminal.

El estudio psicológico y de personalidad, así como de capacidades volitivas e intelectivas realizado a la acusada, nos muestra a una mujer lúcida y tranquila, en actitud de alerta, con una excelente memoria de evocación, con nivel intelectual medio-alto y con un razonamiento íntegro, lógico y sin alteraciones en el curso o contenido de su pensamiento, llamando la atención a los doctores que realizaron el estudio la extraordinaria frialdad emocional y distanciamiento afectivo que mostró a lo largo de las distintas entrevistas, descartando en todo momento la presencia de trastorno psicótico. Tampoco se observa trastorno psicopático alguno, ni trastornos de la personalidad o de control de impulsos que influyan en su capacidad de entender, querer y obrar, reconociendo, en definitiva, que la acusada está en pleno uso de sus facultades mentales, intelectivas y volitivas, comprendiendo la ilicitud de los hechos criminales realizados y sus consecuencias penales. Por otro lado, del informe psicológico realizado al ingresar en el Centro Penitenciario de Melilla se infiere un discurso fluido por parte de la acusada, una gran indiferencia afectiva, ninguna laguna de memoria y una tendencia a la justificación de sus actos culpando a los demás. Con todo ello, entendemos que Francisca se encuentra en pleno uso de sus facultades no sólo ahora, sino en el momento de realizar los hechos.

Esta Sala entiende que la crueldad, frialdad y planificación de los hechos, la conciencia y voluntad de los mismos y la ausencia de circunstancia que atenúe la consecuencia penológica de los mismos, hacen acreedora a Francisca de una pena en su extensión máxima que el tipo delictivo permite.

A *contrario sensu* de lo anteriormente indicado y conforme al tenor literal y sentido último de sus palabras, es de aplicación la denominada circunstancia mixta de parentesco del artículo 23 de nuestro Código Penal con carácter de agravante.

Cuarto. Siguiendo el dictado del artículo 109 y siguientes de nuestro Código Penal, que determinan la obligación del autor de un delito o falta de reparar los daños y perjuicios por él causados y, siendo desgraciadamente imposible la restitución de la vida, debemos establecer un *quantum* indemnizatorio que permita reparar en la medida de lo posible el sufrimiento, el dolor y el grave daño moral que la execrable actuación de Francisca ha causado en la vida de su hijo A. J.

Fallamos

Que debemos condenar y condenamos a Francisca como autora criminalmente responsable de

A) Un delito de asesinato en la persona de su hija S. con alevosía y ensañamiento de los artículos 138, 139.1 y 3 del Código Penal en relación con el artículo 140 y agravado por la circunstancia mixta de parentesco del artículo 23, todos ellos del mismo cuerpo legal, a la pena de veinticinco años de prisión e inhabilitación absoluta durante el tiempo de la condena.

B) un delito de asesinato en grado de tentativa en la persona de su hijo A. J. con alevosía y ensañamiento de los artículos 138, 139.1 y 3 del Código Penal en relación con los artículos 140, 16 y 62 y agravado por la circunstancia mixta de parentesco del artículo 23, todos ellos del mismo cuerpo legal, a la pena de diecinueve años de prisión, inhabilitación absoluta durante el tiempo de la condena e inhabilitación especial para el ejercicio de la patria potestad por un período de veinte años, en aplicación de los 40, 48, 57 y concordantes del Código Penal.

C) Un delito de asesinato con alevosía en la persona de A. J., esposo de la acusada, previsto y penado en los artículos 138 y 139.1 del vigente Código Penal y agravado por la circunstancia mixta de parentesco del artículo 23, a la pena de veinte años de prisión e inhabilitación absoluta durante el tiempo de la condena.

D) Un delito de asesinato con alevosía en la persona de F., primogénita de la acusada, previsto y penado en los artículos 138 y 139.1 del vigente Código Penal y agravado por la circunstancia mixta de parentesco del artículo 23, a la pena de veinte años de prisión e inhabilitación absoluta durante el tiempo de la condena.

En orden a la responsabilidad civil y conforme a lo preceptuado en los artículos 109 y siguientes del Código Penal y concordantes de la Ley Rituaria Penal, se establece la obligación de Francisca de indemnizar a su hijo A. J. por la muerte de su hermana, en la cantidad de ciento ochenta mil euros (180.000 euros), en ciento treinta mil euros (130.000 euros) por la muerte de su hermana F. Indemnizará en doscientos mil euros (200.000 euros) por la muerte de su padre y en 11.390 euros por los perjuicios sufridos a causa del intento de asesinato sufrido en su persona, dado que precisó doscientos cincuenta y nueve días de curación de los cuales trece fueron ingresado en el hospital, entendiendo como días de incapacidad para el ejercicio de sus funciones los setenta días que no pudo asistir al colegio, más aquellos días no lectivos que su estado le impidió desarrollar las actividades propias de su edad.

Así por esta nuestra sentencia, de la que se expedirá testimonio para unirlo al rollo correspondiente, lo pronunciamos, mandamos firmamos.

Printed in Great Britain
by Amazon

86556420R00130